Zu diesem Buch

Seit Adam und Eva aus dem Paradies vertrieben wurden, suchten die Menschen nach Sicherheit und entwickelten dabei eine immer umfassendere Technologie, die dem Menschen die Kontrolle über die Natur und damit mehr Sicherheit bringen sollte.

Heute stehen wir an dem gleichen Punkt wie der Zauberlehrling: wir sind unseren Erfindungen ausgeliefert. Außer Kontrolle geratene Gen-Manipulationen, Katastrophen in Atomkraftwerken, die wachsende Zerstörung der Umwelt durch hemmungslose Ausbeutung und ein Waffenarsenal, das die gesamte Menschheit auszulöschen droht, sind die Auswirkungen einer blinden Wissenschaftsgläubigkeit.

Rifkin fordert eine radikale Umkehr von dem bisher beschrittenen Weg, wenn wir überleben wollen. In seinem leidenschaftlichen Plädoyer stellt er viele der grundlegendsten Annahmen der westlichen Zivilisation in Frage und entwirft eine Vision der Zukunft, in der Mensch und Natur wieder eine Chance haben.

Jeremy Rifkin, 40, leitet die Nonprofit-Organisation «Foundation on Economic Trends», die sich kritisch mit weltwirtschaftlichen Problemen befaßt. In den USA ist er als engagierter politischer Journalist und Wissenschaftskritiker bekannt. In den letzten Jahren ist er auch bei uns zunehmend als einflußreicher «Einzelkämpfer» gegen das «unkontrollierte Treiben der Genchirurgen» (Spiegel) hervorgetreten. Rifkin hat zahlreiche Sachbücher veröffentlicht, darunter das 1982 in deutscher Übersetzung erschienene Buch «Entropie» und das 1986 bei Rowohlt verlegte Werk «Genesis zwei. Biotechnik – Schöpfung nach Maß».

Jeremy Rifkin

Kritik der reinen Unvernunft

Pamphlet eines Ketzers

Aus dem Amerikanischen
von Heiner Kober

rororo
transformation

rororo transformation
Herausgegeben von Bernd Jost
und Jutta Schwarz

Umschlagentwurf Peter Keller

Für meine Stiefkinder Joshua und Anie, die mich so viele wundervolle Dinge gelehrt und soviel Freude in mein Leben gebracht haben... und für ihre Generation.

Mein besonderer Dank gilt meiner Frau Donna, auf die das endgültige Konzept des vorliegenden Buches zurückgeht und die mich immer wieder ermutigt hat, das Vorhaben nicht aufzugeben. Das Buch wäre wahrscheinlich nicht geschrieben worden, hätte sie mich nicht davon überzeugt, daß die Ideen, um die es hier geht, veröffentlicht werden mußten.

Nicanor Perlas möchte ich für seine Hilfe bei der Zusammenstellung der Literaturliste danken. Verpflichtet bin ich auch meinem Lektor Stratford Caldecott für seinen Zuspruch und die engagierte Mitarbeit an dem vorliegenden Buch.

Deutsche Erstausgabe
Veröffentlicht im Rowohlt Taschenbuch Verlag GmbH,
Reinbek bei Hamburg, Januar 1987
Die Originalausgabe erschien bei Routledge & Kegan Paul plc,
Boston, 1985 unter dem Titel «Declaration of a Heretic»

Redaktion Klaus Peters

Satz Trump Mediaeval (Linotron 202)
Gesamtherstellung Clausen & Bosse, Leck
Printed in Germany
880-ISBN 3 499 18317 x

Inhalt

Teil III
Erklärung eines Ketzers

Anhang:

Vorwort

Man hat mir vorgeworfen, ich würde mich der Freiheit von Lehre und Forschung entgegenstellen und wollte, noch schlimmer, den Fortschritt aufhalten. Man hat mich als Querkopf bezeichnet, als Störenfried, als einen Menschen, der es sich in den Kopf gesetzt hat, die weitere Entwicklung der Menschheit zu verzögern oder zu verhindern. Hin und wieder meldet sich ein Wissenschaftler, ein Manager oder ein Politiker zu Wort und zieht meine Vernunft, mein Verhältnis zur Gegenwart in Zweifel, indem er erklärt, im Grunde wolle ich das Rad der Zeit zurückdrehen – wie weit, hängt dann häufig vom Zorn des Anklägers ab. Manche haben behauptet, in Wahrheit sei ich ein Romantiker und glaubte, die beste aller möglichen Welten sei die ländliche Idylle der Agrargesellschaft, unbehelligt vom Zischen und Stampfen der Maschinen. Andere Kritiker haben die Vermutung geäußert, mein Widerstand gegen die wissenschaftlichen und technischen Errungenschaften unserer Zivilisation gehe viel tiefer, und wäre es nach mir gegangen, so dürfte noch nicht einmal das Rad über die Oberfläche unseres Planeten rollen. Es gibt sogar Leute, die davon überzeugt sind, daß ich erst dann wirklich zufrieden wäre, wenn die Menschheit auf ihre früheste Entwicklungsstufe zurücksinken würde – die des edlen Wilden – besitzlos, heimatlos und praktisch ununterschieden von ihrer Umgebung.

Ich habe mich zu dieser Erklärung entschlossen, um darzulegen, wie ich tatsächlich über diese Fragen denke – die Natur des Fortschritts, die Grenzen der Forschung, die legitime Verwendung der Technik und angemessene Formen wirtschaftlicher Organisation.

Zunächst sei mir die Feststellung erlaubt, daß ich mein Anliegen für weit mehr als eine persönliche Angelegenheit halte. Ich möchte meinen, daß meine Auffassungen für das Denken vieler anderer Menschen stehen, die damit begonnen haben, ein gut Teil der stillschweigenden Voraussetzungen des «Zeitalters des Fortschritts» ernsthaft in Frage zu stellen.

Wenn es ein Merkmal gibt, welches die Neuzeit vor allen anderen definiert, so ist es der bedingungslose Glaube an die Fähigkeit von Wissenschaft und Technik, die großen Fragen unserer Zeit aufzugreifen und zu beantworten. So völlig sind wir der «wissenschaftlichen Weltanschauung» verfallen, daß das wissenschaftliche Establishment kaum Mühe hat, die leiseste Kritik an einer technologischen Neuerung mit dem Vorwurf der Wissenschafts- und Fortschrittsfeindlichkeit zum Schweigen zu bringen. Ich habe diesen Essay geschrieben, um meine Solidarität mit all den Menschen zum Ausdruck zu bringen, die jemals zum Ziel solcher deklamatorischen Verurteilungen wurden.

Die Kernaussage meiner «Erklärung» lautet, daß man für den Fortschritt, die Freiheit der Lehre und den Erkenntnisdrang des Menschen eintreten und die entscheidenden Aspekte der herrschenden wissenschaftlichen und technischen Weltanschauung trotzdem ablehnen kann. Im vorliegenden Essay vertrete ich die Auffassung, daß die «wissenschaftliche Weltanschauung», die wir als Glaubensartikel übernommen haben, nur einer der möglichen Zugänge zur Wirklichkeit ist, ein Zugang, dessen immanente Mängel und Grenzen mit jedem Tag deutlicher sichtbar werden. Hoffentlich begreift die nächste Generation, daß der menschliche Verstand zwischen vielen verschiedenen Erkenntnisweisen und zwischen vielen verschiedenen denkbaren Welten wählen kann. Wir behindern die Freiheit der Forschung und beschneiden die großen Möglichkeiten des menschlichen Geistes nur dann, wenn wir uns hartnäckig weigern, neue Vorstellungen über unsere Welt zu entwickeln.

Dieser kurze Essay hat einerseits zum Ziel, die orthodoxen Erkenntnisweisen in Frage zu stellen, die wir als selbstverständlich hinnehmen, und andererseits, die Menschen dazu aufzurufen, ihrem Denken in den vor uns liegenden Jahren eine entscheidend neue Richtung zu geben.

Wir müssen unseren Fortschrittsbegriff neu definieren, unseren Vorstellungen über die Natur der wissenschaftlichen Forschung eine neue Gestalt verleihen, nach einer neuen Beziehung zu unserem technischen Instrumentarium suchen und die begriffliche Grundlage unseres wirtschaftlichen Handelns neu gestalten. Wir sind gezwungen, unsere Uhren vorzustellen, unser Bewußtsein zu erweitern, unserer Phantasie neue Nahrung zu geben, unsere Erwartungen neu zu entfachen und neue Visionen zu entwickeln. Einigen werden solche Gedanken sicherlich als reine Ketzerei erscheinen. Für andere bedeuten sie die Aussicht auf einen Neubeginn und auf neue Hoffnungen. Ihnen gilt mein Appell.

Einleitung

Unser Jahrhundert hat zwei große wissenschaftliche Entdeckungen erlebt. 1942 lösten amerikanische Physiker die erste Kernreaktion aus und katapultierten die Welt damit ins atomare Zeitalter. Ein Jahrzehnt später entdeckten zwei junge Molekularbiologen die Doppelhelix und führten die Menschheit damit über die Schwelle des genetischen Zeitalters.

Nach herkömmlicher Auffassung haben uns beide technische Jahrhunderttaten Vor- und Nachteile beschert. Unterm Strich aber sei die Welt seither jedoch bessergestellt, und zwar in zweierlei Hinsicht. Erstens hätten diese Entdeckungen unser Wissen über uns selbst und die Welt, in der wir leben, erweitert und uns dem Verständnis der Grundwahrheiten unseres Daseins nähergebracht. Zweitens hätten diese grundlegenden Erkenntnisse zur Entstehung einer neuen Generation von Werkzeugen geführt, die unser Leben sicherer und die Zukunft hoffnungsträchtiger gemacht hätten.

Wir sind von der Richtigkeit unserer Meinung in dieser Frage dermaßen überzeugt, daß in den vielen Jahren, die vergangen sind, seit diese beiden technischen Wundertaten der Menschheit zur Prüfung vorgelegt wurden, nicht der leiseste Protest zu vernehmen war, aus dem man auf eine Mißbilligung der Entdeckungen oder der ihnen zugrundeliegenden Mentalität hätte schließen können. Damit soll nicht gesagt sein, daß es nicht geistreiche Auseinandersetzungen über die Frage gegeben hätte, «wie» diese Entdeckungen zu nutzen seien. Allerdings war nicht der geringste Hinweis zu hören, sie überhaupt nicht und unter keinen Umständen zu nutzen, sie zu verwerfen und die Begriffe brachliegen zu lassen, die zu ihnen geführt haben. Die Denkrichtung aufzugeben, der wir sie verdanken. Uns jenem menschlichen Bestreben zu verweigern, das ihren Ursprung bildet. Den Verteidigern des wahren Glaubens, den unbeirrbaren Verfechtern der bestehenden Orthodoxie gelten solche Gedanken als Ketzerei.

Natürlich ist die Ketzerei nichts Neues. Jede Zivilisation in der Geschichte hat sich mit einer stattlichen Zahl von Ketzern herumschlagen müssen, mit Leuten, die nicht willens oder nicht in der Lage waren, die herrschende Weltanschauung ihrer Kultur zu akzeptieren. Das bekannteste Beispiel für Ketzerei in der Neuzeit ist die oft zitierte Auseinandersetzung zwischen dem Naturwissenschaftler Galilei und dem damaligen Establishment der römisch-katholischen Kirche.

Galileis Herausforderung geht weit über die Hinterfragung «offizieller» astronomischer Tatbestände hinaus. Hätte er nur sie angezweifelt, wäre es bis auf den heutigen Tag eine ziemlich unbedeutende Fußnote unserer Geistesgeschichte geblieben. Doch Galileis Vorgehen war weit schwerwiegender. Er stellte das Weltbild der Kirche, ihre grundlegenden Auffassungen von der Beschaffenheit der Wirklichkeit und des Daseins in Frage. Galilei mußte unvermeidlich mit der Erkenntnisweise der Kirche, mit ihrer Auffassung von der Wahrheitssuche in Konflikt geraten. In der großen Auseinandersetzung zwischen Galilei und der Kirche ging es also um konkurrierende Weltbilder und erst in zweiter Linie um strittige astronomische Tatbestände.

Das Glaubenssystem unserer Tage ist das wissenschaftliche Weltbild. Die Kirche von heute ist das wissenschaftliche Establishment. Die Verteidiger des wahren Glaubens, die Bannerträger des Weltbildes der abendländischen Zivilisation sind die Nobelpreisträger und andere Wissenschaftsfunktionäre. Die heutige Orthodoxie ist im Katechismus der Aufklärung verwurzelt, und die Apostel der Wahrheit sind nicht mehr Petrus, Paulus, Johannes, Markus und Lukas, sondern Bacon, Descartes, Newton, Locke und Darwin. Wenn es heute ein universelles Glaubensbekenntnis gibt, ein Glaubensbekenntnis, das die Funktion von politischen Ideologien, Wirtschaftstheorien und religiösen Lehren wahrnehmen kann, dann ist das höchstwahrscheinlich der Glaube, den wir in das wissenschaftliche Weltbild setzen. Ihre Grundannahmen sind uns zum Dogma geworden. Wir sind alle mit den Regeln der wissenschaftlichen Methode getauft worden. Wir haben gelernt, den Prälaten der wissenschaftlichen Akademien mit Ehrerbietung zu begegnen: den Scharen von Experten, die die «Wahrheit» für uns entdecken und entziffern.

Die erste atomare Kettenreaktion und die Entdeckung der Doppelhelix sind Produkte der wissenschaftlichen Weltanschauung. Als solche repräsentieren sie eine besondere Denkweise, einen unverwechselbaren Zugang zum Verständnis der Welt, der das Merkmal eines spezifischen geschichtlichen Augenblicks ist. Hätte sich die abendländische Kultur zu einem ganz anderen Weltbild bekannt, wäre es aller Wahrscheinlichkeit nach nicht zu diesen beiden Entdeckungen gekommen. Sie wären eine gestaltlose Möglichkeit geblieben, wären nie ein Bestandteil des Menschheitsbewußtseins geworden.

Dieser Gedanke ist vielleicht deshalb so schwer zu fassen, weil wir alle so sehr befangen sind in den Voraussetzungen, die die Grundlage des modernen wissenschaftlichen Weltbildes sind, daß wir noch nicht einmal die Möglichkeit in Betracht ziehen mögen, daß unterschiedliche Voraussetzungen zu einer ganz anderen technischen Wirklichkeit geführt haben könnten.

So unerschütterlich ist unser Glaube an die Prinzipien der modernen Wissenschaft, daß wir jede Kritik an ihren zentralen Dogmen für äußerst irrational und gefährlich halten. Nur ein Verrückter würde in Frage zu stellen wagen, was seit langem als Evangelium anerkannt wird. Unsere Kultur ist so tief verwurzelt in der wissenschaftlichen Lehre der Aufklärung, daß sie offenen Zweifel an ihren Grundprinzipien kaum duldet.

Trotzdem müssen wir solche Zweifel äußern. Die Zukunft unserer Zivilisation, unserer Spezies und unseres Planeten steht heute in immer beängstigenderer Weise auf dem Spiel. Die wissenschaftliche Weltanschauung und die von ihr hervorgebrachten technologischen Errungenschaften haben unsere Welt an den Rand ihrer irdischen Existenz geführt. Wir müssen uns mit der Möglichkeit auseinandersetzen, daß die Zukunft noch zu unserer Lebzeit aufgehoben wird. Deshalb ist es gewiß an der Zeit, unsere Weltanschauung zu überdenken und die Voraussetzungen, anhand derer wir unsere Welt organisieren und verstehen, einer kritischen Prüfung zu unterziehen.

Am besten beginnt man eine solche Prüfung mit der Frage, welche Gedanken wohl als ketzerisch gelten würden, wenn man sie heute einem Tribunal der herrschenden wissenschaftlichen Lehrmeinung vorlegte. Ist es zum Beispiel ketzerisch, wenn man annimmt, die besondere Erkenntnisweise, der wir seit ein paar hundert Jahren anhängen, habe uns der natürlichen Welt entfremdet, die wir doch so verzweifelt zu verstehen suchen? Ist es ketzerisch, wenn wir annehmen, daß die Errungenschaften der wissenschaftlichen Weltanschauung ein zweifelhafter Segen sind, dem wir oft mehr Schaden als Nutzen verdanken? Ist es ketzerisch, wenn wir annehmen, daß uns die beiden großen wissenschaftlichen Entdeckungen dieses Jahrhunderts maßlose Macht über die Naturkräfte verleihen und deshalb besser nicht genutzt werden sollten? Ist es ketzerisch, wenn wir annehmen, daß es durchaus möglich ist, alternative wissenschaftliche und technologische Wege ins Auge zu fassen und zu beschreiten? Ketzerisch vielleicht, aber es ist auch denkbar, daß die wissenschaftliche Weltanschauung der Aufklärung ihre Schuldigkeit getan hat und daß wir, wenn wir weiterhin bedingungslos an ihren Grundannahmen festhalten, die Welt zu einem Ort machen, an dem es sich immer weniger sicher leben läßt.

Eine Diskussion über die Grundprinzipien ist längst überfällig. Das Denken unseres Zeitalters in Frage zu stellen, unser Denken für neue Herausforderungen zu öffnen – dies ist die dringlichste Aufgabe auf der Tagesordnung der Menschheit an der Schwelle zum dritten Jahrtausend.

Ob wir eine Zukunft haben werden, hängt letztlich von unserer Bereitschaft zu einem revolutionären Umdenken ab, zu einer revolutionären Veränderung in unserer Einstellung zu uns selbst und zu der Welt, in der wir leben. Nur von einer solchen Wandlung können wir eine Korrektur unseres gegenwärtigen Kurses erwarten.

Teil I

Das gespaltene Atom

I Eine Gabe der Götter

Geschichte und Gefahren des Spiels mit dem Feuer

Es begann mit einer Explosion. Plötzlich waren die toten Höhlen des Raumes in Licht getaucht. Feuer jagte durch die Himmel und prägte dem Universum seinen Stempel auf. Rasend und blendend torkelte diese blindwütige Kraft durch die kosmischen Weiten und füllte das Nichts mit Bewegung und Substanz.

Auf seiner Reise durch den Kosmos ließ der gewaltige Feuersturm Teile seiner selbst zurück. Diese Feueroasen, diese isolierten Lichter überzogen den Himmel, waren Wegzeichen im Kielwasser des ersten Feuerwinds.

Über unendliche Zeiträume zehrten sich die Nester wütender Feuer schließlich selber auf, spien ihr Innerstes aus, schufen Ansiedlungen schmelzflüssiger Satelliten. Die Satelliten kühlten langsam ab. Sie nahmen Gestalt und Form an und wurden zu Planeten, Asteroiden und Monden.

Irgendwo halb verborgen im Durcheinander von einigen hundert Millionen Feuern, irgendwo vergraben in den erloschenen Trümmern, die in der kosmischen Landschaft schwebten, irgendwo im Schatten jenes scheinbar unendlichen Lichtergeflimmers liegt ein winziger Fleck, eine kleine Kugel, die in ständiger Rotation und unabänderlicher Bewegung einer genau vorgezeichneten Bahn folgt. Es ist die Erde, entstanden in den heftigen Nachwehen des ersten großen kosmischen Feuersturms.

Die Erde war ein feuriges Überbleibsel, das langsam abkühlte. Die Götter nahmen von diesem kalten, wüsten Außenposten Notiz und kamen zu dem Schluß, er sei eine geeignete Umwelt zur Schaffung des Lebens. Zwei Götter, Epimetheus und Prometheus, wurden auf die Erde entsandt. Ihr Auftrag lautete, alle die neu geschaffenen Kreaturen mit geeigneten Eigenschaften auszustatten. Als sie zum Menschen kamen, stellte Prometheus fest, daß Epimetheus bereits alle ihm zur Verfügung stehenden Eigenschaften an die anderen Tiere und Pflanzen verteilt hatte. Da Prometheus die Menschen nicht völlig ungeschützt zurücklassen wollte, stahl er den Göttern die mechanischen Künste und das Feuer und gab sie den Männern und Frauen. Damit erwarb die Menschheit ein Wissen, über das ursprünglich nur die Götter verfügten.

Das Feuer, so Lewis Mumford, versorgt die Menschen mit Licht, Energie und Wärme – drei für unser Überleben unbedingt erforderlichen Elementen. Zur Rolle des Feuers in der menschlichen Entwicklung meint Mumford: Sie «ist die besondere technische Leistung des Menschen – keine andere Spezies hat Entsprechendes zustande gebracht». Mit Hilfe des Feuers konnten die Menschen die unbelebte Welt der Natur einschmelzen und in eine Welt reiner Nützlichkeit umgestalten. Hören wir dazu den Historiker Theodore Wertime von der Smithonian Institution:

«... es gibt fast nichts, was sich mittels des Feuers nicht in einen vollendeten Zustand versetzen läßt. Das Feuer erfaßt diesen oder jenen Sand und schmilzt ihn je nach den örtlichen Gegebenheiten um in Glas, Silber, Zinnober, Blei der einen oder anderen Art, Farbstoffe und Arzneimittel. Durch Feuer wird das Erz in Kupfer verwandelt, und dank des Feuers wird der Stein (Zement) gebrannt, der die Gebäude zusammenhält.»

Greifbar begann das pyrotechnische Zeitalter um 3000 v. Chr. im Mittelmeerraum und im Nahen Osten, als die Menschen sich bei der Umwandlung der unbelebten Natur nicht mehr ausschließlich auf ihre Muskelkraft beschränkten, sondern sich auch des Feuers bedienten. Stampfen, Pressen, Brechen, Rühren und

Mahlen traten zurück hinter Verflüssigen, Schmelzen, Löten, Schmieden und Verbrennen. Die Menschen übergaben die erkalteten Reste dessen, was einst selbst ein einziger Feuerball gewesen war, erneut dem Feuer und verwandelten die Kruste des Planeten allmählich in eine neue Heimstatt für sich selbst.

Unsere Geschichte ist die Geschichte unserer alles verschlingenden Allianz mit dem Feuer. Wir sind wahrhaft prometheische Geschöpfe. Mit dem Feuer bewaffnet, haben wir das Antlitz der Erde nach unserem Bilde umgestaltet. Mit Hilfe der Technologie des Feuers haben wir uns zu den Herren der Schöpfung aufgeschwungen. Feuer hat uns die Gewalt über unsere Umwelt und über unseresgleichen gegeben. Lange Zeit waren wir berauscht von seiner Macht. Im Unterschied zu allen anderen Tierarten hatten wir nur anfänglich Angst, mit ihm umzugehen, es zu nutzen und zu nähren.

Am 2. Dezember 1942 hockte nach zahllosen Experimenten mit dem Feuer eine kleine Gruppe von Wissenschaftlern unter den Tribünen eines Fußballstadions auf dem Campus der Universität von Chicago. An diesem Tag entfesselten sie die erste atomare Kettenreaktion. Sie überreichten der Welt ein neues Feuer. Wir haben damit die Energie des Feuers in so unerhörtem Maße konzentriert, daß vielleicht sogar Prometheus heute über seinen einstigen Akt der Barmherzigkeit ganz anders denken würde.

Mit der Kernwaffe, mit Zehntausenden von Kernwaffen haben wir genug Feuerenergie zur Verfügung, um den Ursprung des Daseins neu inszenieren zu können. Wir brauchen nur die Produkte unserer eigenen Kunstfertigkeit auf die Erde fallen zu lassen und können in einem gleißenden Augenblick den ursprünglichen Feuerball zu neuem Leben erwecken, der die Erde zu Anfang war. Wir können die Erde in Feuer verwandeln, wir können die Berge und alles Land zum Schmelzen bringen, wir können den Himmel in weißglühender Erinnerung an unsere Anfänge aufstrahlen lassen. Der Kreis schließt sich. Nach Zeitaltern und Äonen und Epochen kommen wir an den Kreuzweg unseres irdischen Daseins. Wir haben heute die Macht, zum Anfang unserer Geschichte zurückzukehren. Doch es gibt keine Gewähr dafür, daß auf den Feuersturm des Todes der Triumph der Wiedergeburt erfolgt.

2 Die Reise vom Garten Eden zum Berg Harmageddon

Der Verlust der Unschuld: die tödliche «Sicherheit» der Bombe

Die meisten Historiker stellen die Atombombe als Nebenprodukt des Zweiten Weltkriegs dar. Sie schreiben ihre Entwicklung einer Handvoll Wissenschaftlern, Politikern und Militärstrategen zu, die in gemeinsamer Anstrengung die letzte Waffe geschaffen haben, die Waffe aller Waffen, die den Sieg der Alliierten garantierte. Ließe sich doch die tödliche Bedrohung unserer Welt so leicht wegerklären! Es wäre tröstlich, könnte man die Schuld so klar zuweisen. Wir könnten die verantwortlichen Personen im Zentrum der Macht benennen und die Berechtigung ihrer Entscheidung in den geopolitischen Zusammenhängen beurteilen, in denen sie gehandelt haben. Leider ist es nicht so leicht. Die Bombe verdankt dem Zweiten Weltkrieg nicht ihre Existenz, sondern nur ihren Geburtstag. Hätte es keinen Krieg gegeben, würden wir uns heute trotzdem mit der Bombe auseinanderzusetzen haben.

Vorbereitet wurde die Bombe lange vor dem Zweiten Weltkrieg, lange vor der Entdeckung der Formel $e = mc^2$, lange vor dem 20. Jahrhundert. Die Bombe ist kein Umstand, keine Situation und schon gar kein Ereignis. Sie ist ein Kulminationspunkt. Sie ist nicht die Leistung eines Einstein, Oppenheimer oder Teller. Sie ist das Produkt des kollektiven Bewußtseins der Menschheit. Mit der Vorbereitung der Bombe wurde in grauer Vorzeit begonnen, als der menschliche Geist den ersten zögernden Schritt ins Reich des Bewußtseins tat. Die Bombe gehört uns allen. Ihr Entwurf ist tief in der Psyche unserer Art verwurzelt. Ihr Geist läßt sich bis hin zu den zahllosen Streifzügen des menschlichen Intellekts im Laufe der Zeitalter zurückverfolgen.

Die Geschichte der Bombe beginnt mit der Geschichte der Gattung Mensch, und diese Geschichte beginnt am sechsten Tag im Garten Eden. An diesem Tag schuf Gott Adam und Eva aus dem Staub und den erloschenen Resten des großen kosmischen Feuersturms. Und diesen beiden schönen Geschöpfen schenkte Gott die Herrschaft über die Fische im Wasser, die Vögel am Himmel und jedes Lebewesen im üppigen Grün des Paradieses. Im Garten Eden waren Adam und Eva ohne Wünsche. Für jedes Bedürfnis war Vorsorge getroffen. Sie hatten keine Angst und sorgten sich nicht um die Zukunft. Im Paradies gab es keine Angst vor dem Tod. Sie waren geborgen. Als Gegenleistung für soviel Glückseligkeit verlangte Gott von ihnen lediglich, nicht vom Baum der Erkenntnis zu essen, weil sie damit eine Unabhängigkeit von Gott beansprucht hätten. Mit Erkenntnis ausgestattet, würden sie Gott seine Autorität und seine Macht über den Rest der Schöpfung streitig machen.

Gottes Ermahnung fruchtete nichts. Die Schlange verleitete Eva, von der Frucht des Baumes zu kosten. Eva wiederum verführte Adam. Gemeinsam fielen sie in Sünde und stürzten kopfüber in die Welt menschlichen Bewußtseins. Die Geschichte des menschlichen Bewußtseins beginnt im Garten Eden mit dem verhängnisvollen ersten Akt der Auflehnung gegen den Allmächtigen.

Als Adam und Eva ihm den Gehorsam verweigerten, verhängte Gott die höchste Strafe. Er vertrieb Adam und Eva aus dem Paradies und verurteilte sie zur Sterblichkeit. Da sie nun nach dem Genuß der Frucht vom Baum der Erkenntnis zu Bewußtsein gelangt waren, mußten sie auf ewig im Bewußtsein ihrer Sterblichkeit leben. Von dieser Stunde an befinden sie und ihre Nachkommen sich in ständiger Furcht vor dem unabwendbaren Schicksal des Todes. Als Jehova das Menschenpaar aus dem Garten Eden vertrieb, teilte er ihm mit, unsicher werde die Zukunft ihrer Art, hart und unerbittlich das Leben sein. Jene allgegenwärtige Angst werde die menschliche Erfahrung regieren, die Angst, die aus dem Bewußtsein unserer Sterblichkeit erwächst.

Die gesamte Geschichte menschlicher Erfahrung seit dem Augenblick, als Adam und Eva aus dem Garten Eden heraustraten, steht unter dem Diktat eines einzigen, alles beherrschenden Strebens: die verlorengegangene Sicherheit zurückzugewinnen. Und so kam es, daß Adam und Eva, ihre Kinder und Nachkommen – in diese feindliche Welt versetzt – danach trachteten, zu überleben und alle Hindernisse zu überwinden, die Gott ihnen in den Weg gelegt hatte.

Auf sich selbst gestellt, benutzten Adam und Eva jene Eigenschaft, die sie von allen anderen Arten unterschied – ihre Erkenntnisfähigkeit. Diese besondere Eigenschaft wurde ihr Fluch und ihr Segen. Sie verschafften sich einen Großteil der Sicherheit, die man ihnen genommen hatte, indem sie mittels des Bewußtseins ihren eigenen Garten, ihr eigenes irdisches Paradies errichteten. (Anthropologisch ausgedrückt ist der Sündenfall der Übergang vom partizipatorischen, prähistorischen Bewußtsein, in dem sich die Lebensweise der frühen Jäger und Sammler spiegelt, zum historischen Bewußtsein der ersten großen Kulturen des Westens in Sumer und Mesopotamien.)

Um das ersehnte Ziel, die Sicherheit, zu erreichen, hat die Menschheit sich zu ihrer Rettung der Erkenntnis bedient, jener Gabe, die sie von dem bezeichneten Baum inmitten des Paradieses gepflückt hat. Von Anfang an haben die Menschen ihr Bewußtsein benutzt, um sich Wissen über die sie umgebende Welt anzueignen, so daß sie ihr Schicksal selbst in die Hand nehmen und Gott auf Erden ersetzen konnten. Totale Erkenntnis bedeutet vollständiges Wissen um jedes Ereignis, das in der Welt je stattfindet. Gott werden heißt allwissend werden.

Es nimmt nicht wunder, daß Gott nach der Vertreibung von Adam und Eva den Garten Eden eiligst absicherte. Er wollte verhindern, daß das Menschenpaar sich zurückschlich, um von dem anderen verbotenen Baum im Paradies zu kosten, dem Baum des ewigen Lebens. Denn mit der unbegrenzten Erkenntnisfähigkeit und dem ewigen Leben ausgestattet, hätten sich Adam und Eva durch nichts mehr von Gott unterschieden.

Das wollte Gott nicht zulassen. Deshalb wurden die Pforten zum Paradies fest verschlossen. Zwei furchtsame, halbnackte Geschöpfe hockten vor den Toren und blieben den düsteren Gedanken an ihre eigene Vergänglichkeit überlassen. Schließlich standen sie auf, klopften sich den Staub ab, warfen einen letzten, verstohlenen Blick zurück auf den Garten, der einst ihre Heimstatt war, und machten sich zögernd auf in die Wildnis, wobei sie hofften, eines Tages die Sicherheit zurückzugewinnen, die sie verspielt hatten.

Fortan blieb die Menschheit besessen von dem Gedanken an Sicherheit. Wir sehnen uns nach der Sicherheit zurück, die wir einst im Garten Eden besessen haben. Wir sind verzweifelt bemüht, unsere Sterblichkeit zu überwinden, das Bewußtsein unseres gefährdeten und begrenzten Daseins. Wir möchten unsere Zukunft und unser Leben sichern. Wir möchten unbegrenzt leben.

Unser Bestreben, uns selbst Unvergänglichkeit zu verleihen, hat ein unersättliches Begehren geweckt, das Bedürfnis, unsere Umwelt zu manipulieren und auszubeuten. Wir sind zu der Überzeugung gelangt, daß es uns irgendwie gelingen wird, dem Tod ein Schnippchen zu schlagen, unsere Sterblichkeit zu überwinden, wenn wir nur genügend Ressourcen der Erde, einschließlich anderer Lebewesen, verschlingen. Deshalb haben wir die kostbare Gabe des Bewußtseins eifrig genutzt, um eine bestimmte Art des Wissens zu entwickeln, ein kontrollierendes, usurpierendes Wissen. Wir haben Wissen über unsere Umwelt zusammengetragen, um sie in den Griff zu bekommen. Wenn wir erst jeden denkbaren Aspekt unserer irdischen Welt beherrschen, so lautet unsere Überzeugung, dann können wir uns endlich sicher fühlen. Dann können wir uns über die Wechselfälle unserer physischen Existenz erheben und jene Unsterblichkeit zurückgewinnen, die wir einst im Paradies besessen haben.

Dieser verzehrende Drang nach Sicherheit führte schließlich zur Entwicklung des Instruments folgenreichster Machtausübung gegenüber der Umwelt, zur Atombombe. Wir haben die Bombe gebaut, um das Maß unserer Sicherheit zu erhöhen. Wir stellen immer größere und leistungsfähigere Bomben her, um diese Sicherheit zu erhalten. Die Bombe scheint uns der endgültige Sieg in dem langen Kampf um die Herrschaft über die Naturkräfte und unseresgleichen. In ihr verkörpert sich das Bewußtsein unserer Spezies: ein Bewußtsein, das mit dem ersten Tag des Exils vor den Toren des Paradieses entstand.

Wenn die Bombe einerseits ein Mittel höchster Machtausübung ist, so ist sie andererseits jedoch auch zu einer Ursache höchster Beklemmung geworden. Die jüngere Generation beginnt uns zu fragen, warum wir immer größere und gefährlichere Bomben bauen. Sie möchte wissen, warum wir so hoffnungslos auf einen Weg festgelegt sind, der uns immer näher an die Apokalypse heranführt. Wenn wir ehrlich wären, müßten wir antworten: «Weil wir keinen anderen Weg kennen.» In der langen Geschichte menschlicher Erfahrung haben wir unseren Verstand einseitig auf eine bestimmte Art von Erkenntnis hin dressiert, nämlich auf die Art von Erkenntnis, die Machtzuwachs verspricht. Wir glaubten, je mehr Macht wir ausüben, desto sicherer würden wir. Diese auf Kontrolle und Herrschaft angelegte Erkenntnis kommt in den Werkzeugen zum Ausdruck, die wir geschaffen haben, um uns mit der Umwelt und mit unseresgleichen auseinanderzusetzen. In diesen Technologien spiegelt sich unser Wunsch, Macht auszuüben. Insofern ist die Bombe die effektivste Technologie, die wir je entwickelt haben. Wenn wir also unsere Beziehung zur Bombe begreifen wollen, müssen wir zunächst unsere tiefverwurzelte Einstellung zu Macht und Sicherheit verstehen. Diese Einstellung hat zur nuklearen Konfrontation geführt und läßt das Wettrüsten ständig weiterwachsen.

Zwar reichen die Wurzeln unserer Einstellung zu Macht und Sicherheit bis in unsere älteste Vergangenheit zurück, doch ihre jüngste Erscheinungsform ist auf eine Konstellation von Ideen zurückzuführen, zu der es erst vor einigen hundert Jahren kam, als für Europa nach einer langen landwirtschaftlich geprägten Geschichte das industrielle Zeitalter begann. Von diesen Ideen, den Ideen der europäischen Aufklärung, wird unsere moderne Lebensweise beherrscht, ist jeder Aspekt unserer gesellschaftlichen Existenz, auch unserer militärischen, durchdrungen. Da unsere militärischen und gesellschaftlichen Wertvorstellungen auf identische philosophische Prinzipien zurückgehen, ist es praktisch unmöglich, eine Diskussion über Atomwaffen und Atomkrieg zu führen, ohne zugleich die Wert- und Zielvorstellungen unserer Kultur zu erörtern. An den Prinzipien, die wir den Verrichtungen unseres Alltags zugrunde legen, messen wir auch unsere militärischen Zielsetzungen.

Zweifellos glauben manche, unsere Kultur habe zwei verschiedene Wertmaßstäbe, einen, der unser gesellschaftliches Handeln bestimmt, und einen anderen, der für unser militärisches Handeln zuständig ist. Tatsächlich gibt es keinen Anhaltspunkt, der eine solch schizophrene Diagnose stützen würde. Unsere militärischen Einstellungen sind ein Spiegelbild unserer gesellschaftlichen Einstellungen, und genau deshalb haben wir solche Schwierigkeiten, uns mit dem Gedanken an Abrüstung anzufreunden. Wir müßten dann nämlich auch unsere gesellschaftlichen Wertvorstellungen einer kritischen Prüfung unterziehen und gegebenenfalls bereit sein, auch sie abzurüsten.

So unangenehm die Aussicht auf ein solches Unterfangen auch erscheinen mag – es gibt keinen bequemen Weg zur Abrüstung, der uns die kritische Diskussion der Prinzipien ersparen würde, die unserem Alltag zugrunde liegen.

3 Die nukleare Weltanschauung

Wir leben mit einer Reihe intellektueller Konzepte, die am Anfang der Neuzeit formuliert wurden. Die damals entwickelten Vorstellungen von der Natur des «Menschen» und seiner «Sicherheit» beeinflussen auch unser heutiges Weltbild. Wenn wir die gegenwärtige Nuklearkrise verstehen wollen, müssen wir mit einer kritischen Prüfung der Ideen beginnen, die uns an diesen Punkt geführt haben. Diese Ideengeschichte beginnt mit Francis Bacon.

Als einer der Architekten des modernen Weltbildes schrieb Bacon 1620 das kleine Traktat *Novum Organum*, in dem er die Erkenntnismethode darlegte, die noch heute Geltung hat. Bacon wandte sich gegen den Ansatz früherer Denker, die einfach nach dem Warum der Dinge gefragt hatten. Ihm aber ging es weit mehr um das Wie der Dinge. Erkenntnis ist nur insoweit wichtig, behauptete er, als sie nützlich ist. Bacon sah im Wissen ein Werkzeug zur Beherrschung der Umwelt. Er machte das Motto «Wissen ist Macht» zur Leitidee seiner Lehre. Bacon träumte von dem Tag, da unser Wissensschatz groß genug sein würde, um «die Not und das Elend der Menschheit zu besiegen und zu überwinden».

Um dieses hochgesteckte Ziel zu erreichen, verlangte Bacon eine neue Methode für die Auseinandersetzung mit der Welt, eine Methode, «die die Grenzen des menschlichen Bereichs erweitern kann, so daß alle nur möglichen Dinge zu bewirken sind». Gemeint ist damit die «wissenschaftliche» Methode, ein Verfahren, das den Beobachter vom beobachteten Gegenstand trennt und einen neutralen Ansatzpunkt zur Entwicklung eines «objektiven Wissens» liefern soll. Nach Bacon würde objektive Erkenntnis dem Menschen gestatten, die Herrschaft anzutreten «über die natürlichen Dinge – über Körper, Medizin, mechanische Kräfte und zahllose andere Erscheinungen dieser Art».

Jedes Schulkind wächst mit Bacons wissenschaftlicher Methode auf. Sobald wir unsere ersten Begriffe bilden, hören wir, daß es dort draußen eine objektive Welt gibt, deren Geheimnisse sich im Interesse menschlicher Zwecke entdecken und ausnutzen lassen. Man fordert uns auf, einen Abstand zwischen uns und die Welt zu legen, uns zu distanzieren, damit wir unsere natürlichen Beziehungen zu den Dingen lösen und sie in Objekte der Manipulation verwandeln können.

Diese wissenschaftliche Methode ist allenfalls der Weisheit vorletzter Schluß in Sachen Erkenntnis. Sie ist ein Spiegelbild unserer verzehrenden Sehnsucht nach Vorhersagbarkeit und Ordnung. Wir haben unsere gesamte physische Wirklichkeit in ein gigantisches Testlabor verwandelt und dann versucht, die vorhersagbaren Verhaltensmuster zu entdecken, um die Naturkräfte immer besser zu beherrschen. Je erfolgreicher wir über unsere Umwelt bestimmen, desto sicherer fühlen wir uns. Die Essenz der langen Geschichte des abendländischen Bewußtseins, das seinen Höhepunkt mit der Baconschen Revolution erreichte, läßt sich wie folgt zusammenfassen: Wissen ist Macht, Macht ist Herrschaft, Herrschaft ist Sicherheit.

Während Francis Bacon den methodologischen Ansatz für ein Mehr an Herrschaft über die Umwelt lieferte, wurde die Grundlage für den neuen irdischen Garten Eden durch die Ideen von René Descartes, Isaac Newton, John Locke, Adam Smith und Charles Darwin gelegt. Diese gelehrten Männer – auch sie sind Architekten des modernen Weltbildes – suchten nach den Verfahrensregeln, die dem Menschengeschlecht die ersehnte Sicherheit liefern könnten. Ihre Konzepte zur Organisation der Gesellschaft und der physischen Welt sind über acht Generationen überliefert worden und bestimmen noch heute das öffentliche Leben unserer Staaten. Unsere Sicherheit messen wir an den Grundsätzen, die vor langer Zeit von diesen Männern aufgestellt wurden: nicht nur die private und öffentliche Sicherheit, die politische und wirtschaftliche Sicherheit, sondern auch unsere nationale und militärische Sicherheit. Wenn wir die Argumentationsgrundlage dieser Gelehrten verstehen, begreifen wir auch die Philosophie, die unserer aktuellen Verteidigungshaltung und Kernwaffenpolitik zugrunde liegt.

Bacon verdanken wir eine neue Methode zur Organisation der Umwelt, doch René Descartes lieferte uns die Werkzeuge dazu. Wenn wir das Universum aller nicht rationalen Eigenschaften entkleiden, die wir ihm zugeschrieben haben, so ist es nach Descartes im wesentlichen als ein mathematischer Lehrsatz zu begreifen. Mit der Mathematik als primärer Erkenntnisweise ist es nach ihm möglich, «in jedem Bereich wahre Ergebnisse» zu erzielen.

Descartes war ein leidenschaftlicher Anhänger der Idee, daß die Mathematik die Geheimnisse der Natur enthüllen und den Menschen zum Herrscher des Kosmos machen könne. Descartes war so besessen von der Macht der Mathematik, daß er in seinem neuentdeckten Weltbild keinen Platz mehr ließ für nicht quantifizierbare Aspekte. «Um es offen zu bekennen», sagte er, «ich bin davon überzeugt, daß sie [die Mathematik] ein wirkungsvolleres Erkenntnisinstrument ist als irgendein anderes Werkzeug, das durch menschliche Urheberschaft auf uns gekommen ist, ist sie doch der Ursprung aller Dinge.» Wie seine Vorgänger davon überzeugt, daß Wissen Macht ist, faßte Descartes die Bedeutung der neuentdeckten mathematischen Instrumente wie folgt zusammen: «Man gebe mir Ausdehnung und Bewegung, und ich werde das Universum konstruieren.»

Soviel stürmisches Selbstbewußtsein führte zu einer grundlegenden Neueinschätzung der Rolle Gottes im Prozeß der Geschichte. Wenn das Universum präzisen mathematischen Prinzipien gehorcht und wenn sich diese Prinzipien entdecken und dazu benutzen lassen, jeden Aspekt der physischen Wirklichkeit zu kontrollieren, wozu brauchte man dann Gott in der neuen Ordnung der Dinge? Folglich wurde er allmählich aus der Weltgeschichte ausgeblendet. Während Descartes und seine Zeitgenossen Gott einerseits aufs Abstellgleis schoben, beeilten sie sich andererseits, ihn als den unübertrefflichen Architekten zu preisen, der die mathematischen Prinzipien des Weltalls entworfen habe.

Durch die neue kartesianische Definition der Welt in mathematischen Begriffen verlor sie ihre Farben, Gefühle und alle anderen nicht quantifizierbaren Aspekte. Übrig blieb die reine Materie ohne jeden Sinn über sich selbst hinaus.

Natürlich kann das Universum bar jeglichen Sinnes und dennoch zum Bersten mit Aktivität gefüllt sein. Das ist der Gedanke, mit dem Isaac Newton in Erscheinung tritt, denn Newton belebte Descartes' mathematisches Universum durch drei Gesetze, von denen er behauptete, sie würden für alle Aktivität in der materiellen Welt gelten. Bei Newton heißt es: «Ein Körper im Ruhezustand bleibt im Ruhezustand, und ein Körper in Bewegung bleibt in gleichförmiger, geradliniger Bewegung, wenn nicht eine äußere Kraft auf ihn einwirkt; die Beschleunigung eines Körpers ist der aufgewendeten Kraft direkt proportional und verläuft geradlinig in Richtung der einwirkenden Kraft; und für jede Kraft gibt es eine gleiche und gegensätzliche rückwirkende Kraft.»

Infolge der Newtonschen Entdeckungen begannen die Europäer das Universum als ein gigantisches mechanisches Gebilde zu begreifen, das nach den genau angebbaren Gesetzen der bewegten Materie funktionierte. Bald darauf diente die neue mechanistische Naturauffassung als Metapher für eine Umwertung des gesamten Daseins. Unter Gelehrten wurde es Mode, jeden Aspekt des Lebens, auch gesellschaftliche Zusammenhänge, in mechanistischen Begriffen zu erklären.

Es entstand ein neues Weltbild. Künftige Generationen sollten ihre physische Umgebung zunehmend in mathematischen und mechanischen Begriffen erfassen. Indem sie zunächst alle Qualitäten des Lebens von den Quantitäten, zu denen sie gehören, schieden und anschließend eliminierten, filterten diese Philosophen des modernen Weltbildes ein steriles Universum aus, das nur noch aus bewegter Materie bestand.

Es war ein kurzer Weg von der Welt der reinen Materie zur Welt des reinen Materialismus. Für künftie Generationen vorgezeichnet wurde dieser Weg von zwei großen Philosophen – John Locke und Adam Smith.

Locke war bestrebt, die Vorgänge in der Gesellschaft so zu beschreiben, daß sie den neuen mathematischen und mechanischen Prinzipien entsprachen, die nach Descartes und Newton die Vorgänge im Universum bestimmten. Locke entdeckte ein gesellschaftliches Organisationsprinzip, von dem er meinte, es vertrage sich mit dem neuen Universum von Bacon, Descartes und Newton, dem unpersönlichen, distanziert beobachteten, objektiven, rationalen, gefühllosen Universum.

Wenn die Welt aus isolierten Materieteilchen besteht, wobei ein jedes für die eigene Fortdauer verantwortlich ist, dann muß ein ähnliches Gesetz das individuelle Verhalten regieren. Locke gelangte zu dem Schluß, daß jeder einzelne Mensch wie eines der isolierten Materieteilchen im Universum ist, mit keinem anderen Ziel, als sich selbst Dauer zu verleihen. In eine Welt, die bereits auf die reine Materie reduziert war, brachte Locke eine Philosophie des reinen Materialismus ein. Wenn jeder einzelne nur bestrebt ist, seinem materiellen Eigennutz zu dienen, dann besteht nach Locke die Aufgabe der Regierung darin, dafür zu sorgen, daß die Naturkräfte gebändigt und nutzbar gemacht werden, damit jedes Mitglied der Gesellschaft so viele Reichtümer anhäufen kann, wie nach menschlichem Ermessen möglich ist. «Die Negation der Natur», behauptete Locke, «ist der Weg zum Glück.»

Angesichts seiner Auffassung von der Natur des Menschen ist verständlich, warum Locke es für eine Pflicht hielt, die Naturschätze so gründlich wie möglich auszubeuten. In der Überzeugung, daß materielle Sicherheit nur durch Macht und Herrschaft über die Umwelt zu gewinnen sei, war für Locke die Natur in ihrem Urzustand kaum mehr als brachliegendes Ödland. Nach Locke besitzt die Natur nur dann einen Wert, wenn wir sie für unsere Zwecke nutzbar machen können.

Locke entwickelte einen politischen Zusammenhang, der dem neuen Universum entsprach, in dem die Menschen nun lebten. Doch erst Adam Smith lieferte das ökonomische Grundprinzip für das neue Bild von der Welt. Nach Smith läßt sich das allgemeine Wohl der Gesellschaft nur dadurch fördern, daß jeder einzelne versucht, seinen eigenen materiellen Vorteil zu maximieren. Während auf den ersten Blick die Annahme, die persönliche Habsucht des einzelnen könnte dem Wohl aller dienen, als ein Widerspruch in sich selbst erscheint, entwarf Smith eine Rechtfertigung für diese Denkweise, die ihre Gültigkeit bis auf den heutigen Tag bewahrt hat. Dazu Smith:

> *Jeder einzelne ist fortwährend bestrebt, die vorteilhafteste Verwendung für ein jedes Kapital zu finden, über das er verfügt. Er hat den eigenen Vorteil, nicht den der Gesellschaft im Auge. Dabei führt ihn die Verfolgung des eigenen Vorteils natürlicherweise, oder vielmehr notwendigerweise, zu der Verwendung, die für die Gesellschaft am vorteilhaftesten ist.*

Smith behauptete, damit ein Naturgesetz entdeckt zu haben, die «unsichtbare Hand», die angeblich automatisch Angebot und Nachfrage knapper Güter unter den Mitgliedern der Gesellschaft regelt. Nach Smith läßt sich bei eingehender Kenntnis der Arbeitsweise dieses Gesetzes größere Macht über die Naturkräfte und größere materielle Sicherheit für den einzelnen und die Gesellschaft gewinnen.

In der relativ kurzen Zeitspanne von etwa zweihundert Jahren wurde die abendländische Gesellschaft vertraut mit dieser neuen Methode zur Organisation der Welt, dem begrifflichen Rüstzeug, das dazu erforderlich war, und einer Wirtschaftstheorie, mit der sich die neue Ordnung der Dinge rechtfertigen ließ. Zur Absicherung des Weltbildes war jetzt nur noch eine neue Erklärung vom Ursprung des Lebens erforderlich, die sich mit diesem Paradigma vertrug. Dieses fehlende Verbindungsglied lieferte Charles Darwin.

Darwin blickte in die Natur und sah die gleichen mechanistischen Prinzipien am Werk, mit denen Descartes und Newton das Universum definiert und mit denen Locke und Smith die neue Gesellschaftsordnung beschrieben hatten. Nach Darwin sorgt ein Naturgesetz für die stete Entwicklung des Lebens von den einfachsten einzelligen Organismen bis zum Gegenwartsmenschen. Das Naturgesetz, das Darwin nach eigenem Bekunden durch die sorgfältige Beobachtung der Schafszucht entdeckt hat, ist das der natürlichen Zuchtwahl oder Selektion. Nach diesem Gesetz kommt es mit der Geburt eines jeden neuen Organismus zu neuen biologischen Modifikationen. Einige dieser Veränderungen sind schädlich, andere nützlich für das Überleben des Organismus. Dabei bestimmt der Zufall, ob ein Organismus mit guten oder schlechten Voraussetzungen geboren wird. Das Gesetz der natürlichen Zuchtwahl sorgt dafür, daß der Organismus, der dank einer potentiell vorteilhaften Modifikation am besten geeignet ist, die gegebenen Möglichkeiten zu nutzen, die besten Überlebenschancen hat und deshalb auch die meisten überlebensfähigen Nachkommen hervorbringt.

Nach dem Gesetz der natürlichen Zuchtwahl ist die Evolutionsgeschichte ausschließlich eine Geschichte des krassen Opportunismus und des utilitaristischen Eigennutzes. Dies sind die beherrschenden Prinzipien, die die wesentlichen Prozesse des Lebens steuern. In der langen Geschichte der biologischen Evolution wird der Fortschritt an der Fähigkeit einer jeden neuen Art gemessen, die knappen Ressourcen besser zu nutzen als ihre Vorgänger, wodurch sie sich selbst und ihren Nachkommen das Überleben sichert.

Bei Darwin wird die höchstmögliche Steigerung der Umweltbeherrschung zum *sine qua non* in der Natur wie in der Gesellschaft. Natürlich war Darwin der Meinung, daß der Mensch von allen Arten die Umwelt dank seiner überlegenen Verstandeskräfte am erfolgreichsten zu beherrschen vermag. Zwar mögen uns andere Tiere an Körperkraft oder Schnelligkeit überlegen sein, doch unser Verstand gleicht das wieder aus, weil er uns in ganz besonderem Maße befähigt, unsere Umwelt zu beherrschen und zu kontrollieren.

Die Philosophen der Aufklärung zeigten uns die Welt von einer ganz neuen Warte. Die neue Perspektive änderte zugleich die Werte, deren wichtigster Leistung hieß, und die Gesellschaft machte sie sich mit fast religiösem Eifer zu eigen, entschlossen, sie zum Maß allen menschlichen Tuns zu erheben.

Würde ein Wissenschaftler aus einer zukünftigen Epoche der menschlichen Geschichte herausfinden wollen, welches die größte Veränderung der menschlichen Beziehungen in den letzten beiden Jahrhunderten war, würde er wohl nicht die Elektrifizierung der gesellschaftlichen Umwelt nennen, die Verstädterung des Planeten oder die Ausbreitung der Massenkommunikation. Alle diese Ereignisse sind, so tiefgreifend sie sich auch auf die traditionellen Verhaltensweisen ausgewirkt haben mögen, nur die

Manifestationen einer tieferliegenden Veränderung des menschlichen Wertesystems. Der neue Wert heißt Leistung und ist in weniger als acht Generationen zu universeller Bedeutung aufgestiegen, zu einem Wert, der alle ideologischen und geographischen Grenzen ignoriert.

Heute messen wir uns – und unsere Technologie – daran, inwieweit wir den vorgeschriebenen Leistungsmaßstäben gerecht werden. Leistung ist zu einem so selbstverständlichen Bestandteil unseres Lebens geworden, daß wir mit Ungläubigkeit reagieren, wenn man uns weismachen will, sie sei nicht schon immer der zentrale Bezugspunkt für die Beurteilung von Verdienst und Bedeutung der meisten menschlichen Bestrebungen gewesen.

Wenn es heute überhaupt einen übergreifenden gesellschaftlichen Auftrag gibt, dann den, etwas zu leisten. Wenn es einen einhellig anerkannten Maßstab für die Organisation der Beziehung zwischen den Menschen und ihrer Umwelt gibt, dann ist es die Leistung. Leistung ist dabei sowohl eine Methode als auch ein Wert. Als Methode drillt das Leistungsprinzip den menschlichen Verstand darauf, alle Werte und Aspekte beiseite zu schieben, die in irgendeiner Weise die Wirksamkeit der uralten Gleichung Wissen = Macht = Herrschaft = Sicherheit beeinträchtigen könnten. Gewiß haben in der langen Menschheitsgeschichte viele Kulturen kaschiert, daß diese Gleichung die Grundlage ihres gesellschaftlichen Zusammenlebens war. Doch der ganze Unterschied bestand darin, daß die prämodernen Gesellschaften ihren Mitgliedern gestatteten, sich zeitweise von dem unaufhörlichen Streben nach Herrschaft über die Umwelt zu erholen. Ruhepausen in Form von religiösen Opfern, Sühneritualen, Toten- und Wiedergeburtsfeiern boten Entspannung, Verzicht auf Kontrolle, eine vorübergehende Entlastung, die Möglichkeit für das kollektive Bewußtsein der Gemeinschaft, sich von dem unermüdlichen Machtstreben zu erholen.

Leistung führt eine völlig neue Richtschnur ein. Das primäre Interesse gilt der fortlaufenden Bestätigung der Gleichung von Wissen, Macht, Herrschaft und Sicherheit. Es ist kein Platz mehr für marginale Interessen; andere Wertvorstellungen sind nicht mehr zugelassen, Leistung ist nicht mehr nur eine unter anderen Wertvorstellungen, nach denen wir uns richten. Sie ist zum zentralen Auftrag geworden. Die Suche nach leistungsfähigeren Methoden, unsere Umwelt zu beherrschen, ist zur übermächtigen, allgegenwärtigen Orientierung geworden.

Wir sind bemüht, unsere Technik, uns selbst und unsere Gesellschaft leistungsfähiger zu gestalten. Die Leistung als Methode und Wertvorstellung richtet die gesamte menschliche Erfahrung auf einen einzigen Zweck aus: die völlige Beherrschung der materiellen Welt. Leistung heißt, das Tempo und das Ausmaß dieses Ausbeutungsprozesses zu optimieren und gleichzeitig die Zeit und Teilnahme, die wir den Gegenständen unserer Aufmerksamkeit widmen müssen, auf ein Mindestmaß zu reduzieren.

Heute setzen sich die Individuen und das kollektive Bewußtsein intensiver mit der Leistung auseinander als mit irgendeinem anderen Aspekt des gesellschaftlichen Lebens. Wir haben alles, uns selbst, unsere Werkzeuge und unsere Kultur, diesem einzigen übermächtigen Wunsch nach Herrschaft über die Erde und ihre Bewohner untergeordnet. Die Leistung ist unsere geistige Richtschnur. Leistung und Sicherheit sind praktisch austauschbar geworden.

4 Abrüstung unserer Lebensweise

Studiert man die Gedanken der großen Philosophen der Neuzeit, ist man überrascht, in welchem Maß ihr Denken noch heute gültig zu sein scheint. Obwohl den meisten von uns ihre Namen kaum noch geläufig sind, sind wir wohlvertraut mit ihren Ansichten über die Natur des Menschen, der Gesellschaft und der Welt. Ihre Anschauungen sind unsere Anschauungen. Tatsächlich sind ihre Ideen so fest in unsere Sozialisationseinflüsse verwoben, daß wir ihre Denkweise völlig unkritisch übernommen haben. Das gilt auch für unsere Einstellungen zur Militär- und Verteidigungspolitik. Zwar sitzen unsere Kriegsstrategen nicht in ihren Büros und fragen sich, was die Architekten des modernen Weltbilds wohl über die verschiedenen militärischen Möglichkeiten gedacht hätten, doch das Ergebnis ist praktisch so, als täten sie es. Unsere Diplomaten und Generäle haben die wesentlichen Prinzipien dieser Vordenker so gründlich in ihr alltägliches Verhalten übernommen, das sie kaum mehr als heutige Protagonisten eines Stückes sind, das im siebzehnten, achtzehnten und neunzehnten Jahrhundert geschrieben wurde. Das Autorenkollektiv war ein Klub begabter Gelehrter, die der festen Überzeugung waren, sie hätten die Formel entdeckt, mit der sich die Sicherheit der Menschheit garantieren lasse. Jedes Positionspapier, jeder Befehl, jedes öffentliche Statement, alle strategischen Schachzüge und Gegenzüge, jeder militärische Fortschritt befindet sich im Einklang mit den Überlegungen und Erklärungen der großen Architekten des modernen Weltbilds.

Unsere Sicherheitsvorstellungen sind eingebunden in das Weltbild, das wir geerbt haben – ein Weltbild, das in den Anfängen des menschlichen Bewußtseins verwurzelt ist und in seiner neuesten Fassung in den Formulierungen von Männern wie Francis Bacon, René Descartes, Isaac Newton, John Locke, Adam Smith und Charles Darwin zum Ausdruck kommt. Ihre Ideen liefern die Argumente während der Abrüstungsverhandlungen, und ihre Ideen werden der amerikanischen Öffentlichkeit zur Rechtfertigung und Erklärung unserer Kernwaffenpolitik vorgelegt.

Genau dieses Sicherheitsdenken, dieser Grundzug unserer Kultur, läßt das Problem der Nuklearrüstung so hoffnungslos und unlösbar erscheinen, und diesen Ideen haben wir es zu verdanken, daß wir dem Kreuzweg der Geschichte unserer Art immer näherrücken.

Wir sind so hoffnungslos und resigniert, weil wir vor einem nie dagewesenen Dilemma stehen. Wir suchen Sicherheit: für uns selbst, unsere Kinder, unsere Kultur, unsere Zivilisation, unsere Spezies. Doch jeder Schritt, den wir unternehmen, um die Krise zu bewältigen, scheint eben diese Krise nur zu verschärfen und zu vertiefen und uns dem völligen Aussterben näherzubringen.

Wie konnten wir in diese tragische Sackgasse geraten? Schließlich sind wir ja nicht durch einen Mangel an Wachsamkeit bis dicht an unsere eigene Ausrottung gelangt. Es läßt sich vielmehr mit Fug und Recht behaupten, daß uns als Spezies stets in erster Linie an unserer eigenen Sicherheit gelegen war. Wie konnte also eine Gattung einen Kurs einschlagen, der ihren Interessen so gefährlich zuwiderläuft?

Es liegt in der Natur der Dinge, daß der Patient in der Regel nichts über die Ursachen seines Zustands weiß. Unsere Krankheit hat ihre Wurzeln in unserem Sicherheitsdenken und in den Vorstellungen über das Wesen des Menschen. Eine sorgfältige Diagnose unserer kollektiven Psychose zeigt, welch hohen Preis wir für unsere Heilung bezahlen müßten. Es wäre eine umfassende Neuorientierung der menschlichen Psyche erforderlich, denn um die Welt abzurüsten, müßten wir zunächst unser Weltbild abrüsten. Um Frieden zu schließen, müßten wir zunächst Krieg gegen unsere eigene Psyche führen. Denn nicht die Bombe ist das Problem, sondern die kollektiven Vorstellungen, die die Erfindung der Bombe erst möglich machten.

Viele Menschen glauben, man könnte die Bombe aus unserer Kultur entfernen, ohne das Bewußtsein anzutasten, das zu ihrer Entstehung führte. Diese Menschen stellen sich die Bombe gern als einen Zufall, ein Versehen, als ein Mißgeschick vor. Sie ist es keineswegs. Wir wanken am Abgrund der Vernichtung, mit Tausenden von Raketen, die ausgerichtet sind, jede Spur des Lebens auf diesem Planeten auszulöschen, weil wir es so gewollt haben. Das ist die bittere Wirklichkeit, der wir zu entkommen versuchen. Das ist die traurige Wahrheit, die wir leugnen wollen. Unsere Kernwaffenpolitik ist kein Fehltritt, sie ist die logische Folge einer Denkweise, die so untrennbar zu unserer Lebensweise gehört, daß wir praktisch nicht in der Lage sind, sie unabhängig zu beurteilen.

Wir sprechen von weltweiter Zusammenarbeit, doch wir lehren unsere Nachkommen, daß materieller Eigennutz die Kraft ist, die die Geschichte vorantreibt. Wir sprechen davon, daß wir mit anderen teilen müßten, doch wir erklären unseren Kindern, daß das allgemeine Wohl nur vorangebracht wird, wenn der einzelne seinen selbstsüchtigen Wünschen und Begierden folgt. Wir sagen, das Leben sei ein Wert an sich, erziehen aber die nächste Generation in der Überzeugung, das Leben sei durch eine Mischung aus blindem Zufall und blankem Opportunismus entstanden. Wir fragen uns, warum es so wenig Toleranz auf der Welt gibt, doch wir lehren unsere Jugend, es gebe nur eine objektive Wirklichkeit, die sich allein der Vernunft erschließe. Traurig konstatieren wir eine Welt, die bar aller Gefühle, aller Mitmenschlichkeit, aller Empfindung ist, schreiben aber zugleich fest, daß solche Erwägungen keinen Platz in einem Bildungssystem haben, das menschliche Interaktionen auf Zahlen, Gleichungen und statistische Daten reduziert, um sie in Computermodellen analysieren zu können.

Es wäre einfacher, sehr viel einfacher, könnte man die Generäle, die Politiker und die Kriegsgewinnler für diesen traurigen Zustand der Welt verantwortlich machen. Doch auch ihr Verhalten ist nur ein Spiegelbild unserer Kultur und unseres Bewußtseins.

Würde man eine Umfrage durchführen, würde sicherlich die Mehrheit der Interviewten ohne Umschweife der Behauptung zustimmen, daß Wissen Macht, Macht Herrschaft und Herrschaft gleichbedeutend mit Sicherheit ist. In dieser Hinsicht sind die «Verantwortlichen» nur die willigen Werkzeuge, die Erfüllungsgehilfen unseres kollektiven Bewußtseins. Als Spezies haben wir keinen Zweifel daran gelassen, wie wir unserem Sicherheitsbedürfnis Genüge tun wollen. Die Militärs, die Politiker, die Diplomaten, die Waffenlieferanten sind dabei nur die Verwalter und Schutzpatrone unseres Weltbilds.

Bei Überprüfung der Ideen, aus denen sich unser augenblickliches Weltbild zusammensetzt, wird offensichtlich, daß die Methode, mit der wir unsere Sicherheit sichern, von unseren Vorstellungen über die «menschliche Natur» bestimmt wird. Unsere militärische Haltung ist ein Spiegelbild der Erwartungen, die wir unseren Mitmenschen entgegenbringen. Wenn der Homo sapiens, wie Locke und Smith meinen, in erster Linie an der Befriedigung seiner materiellen Bedürfnisse interessiert ist, dann haben die Militärs recht mit ihrer Behauptung, der Friede lasse sich nur dadurch erhalten, daß man genügend Vernichtungswaffen anhäuft. Nur so kann man sichergehen, daß die andere Seite sich nicht zu dem törichten Versuch hinreißen läßt, uns wegzunehmen, was wir haben. Wenn das Leben, wie Darwin meint, die Arten bevorzugt, die am angepaßtesten sind, dann halten die Militärs die Erstschlagstrategie zu Recht für eine denkbare Option. Wenn der Kosmos, wie Descartes meint, tatsächlich nach präzisen mathematischen Gesetzen funktioniert, dann haben die Militärexperten recht mit ihrer Überzeugung, die globale Umwelt ließe sich mit komplizierten Computermodellen und quantifizierbaren Kriterien in den Griff bekommen. Wenn die Leistung, wie unsere Kultur behauptet, tatsächlich der höchste gesellschaftliche Wert und das Maß aller Dinge ist, dann haben unsere Kriegsplaner recht mit ihrem Argument, die Atombombe sei die beste Waffe, die jemals entwickelt wurde. Schon ein paar dieser Kernwaffen können das gesamte Stadtgebiet von New York dem Erdboden gleichmachen, wobei sie auf einen Schlag mehr Explosivkraft entwickeln würden, als im gesamten Zweiten Weltkrieg von allen kriegführenden Parteien eingesetzt wurde. Denn natürlich ist die Atombombe nach dem Leistungsprinzip schneller, wirksamer und sparsamer an Zeit, Energie und Rohstoffen als irgendein bisher entwickeltes Waffensystem.

Die Geschichte des atomaren Wettrüstens ist die Geschichte der Versuche, die Geschwindigkeit der Trägersysteme und die Zerstörungsgewalt der Waffen zu maximieren sowie die Einsatzzeit zu minimieren. Heute ist das Militär mit der Entwicklung eines komplizierten Waffensystems beschäftigt, dessen Elemente sich mit Lichtgeschwindigkeit fortbewegen, katastrophale Vernichtung anrichten und während des ganzen Prozesses ohne menschliches Zutun auskommen: Die Anwendung bleibt einer neuen Generation von Supercomputern überlassen, die an unserer Stelle denken und handeln werden. Je leistungsfähiger jede neue Waffengeneration ist, desto sicherer fühlt sich das militärische Establishment.

Was also sollen wir tun? Sollen wir an der Leistung als der zentralen Richtschnur unseres Handelns und höchstem gesellschaftlichem Wert festhalten, ohne sie aber unserer militärischen Planung zugrunde zu legen? Sollen wir weiterhin von der Überzeugung ausgehen, die Welt lasse sich auf statistische Daten, Zahlen, Gleichungen und Computermodelle reduzieren, und im gleichen Atemzug ihre Anwendbarkeit für unsere militärische Planung leugnen? Sollen wir unsere Wirtschaft und unsere Gesellschaft weiterhin nach der Annahme organisieren, daß wir an sich opportunistisch, habgierig, selbstsüchtig und zutiefst utilitaristisch sind, unseren politischen Führern aber verbieten, diese Eigenschaften beim Entwurf unserer Verteidigungspolitik zum Ausdruck kommen zu lassen?

Was also sollen wir tun, wenn die Wertvorstellungen, die wir unseren Kindern vermitteln, zwangsläufig und unausweichlich zur Vernichtung der Erdkugel im atomaren Feuer führen?

Die Antwort auf diese Frage liefert uns das Nachdenken über eine weitere Frage. Diese zweite Frage ist vielleicht die wichtigste, die sich die Menschheit zum gegenwärtigen Zeitpunkt stellen kann. Schon durch die Bereitschaft, sie auch nur zu diskutieren, würden wir die Einstellung zu unserer konventionellen Denkweise verändern. Um diese Frage stellen zu können, müssen wir uns den Zusammenhang und die Situation vergegenwärtigen.

Zunächst der Zusammenhang. Erinnern wir uns an all den Nutzen und potentiellen Nutzen, den die Atomspaltung in sich birgt. Und erinnern wir uns dann an all den Schaden und die ständig drohende Gefahr, die sich aus der Atomspaltung ergeben hat.

Nun die Situation, unsere Lage. Denken wir zurück an den 2. Dezember 1942 in der Universität von Chicago. Eine Vielzahl von Physikern arbeitete hektisch an dem streng geheimen Manhattan-Projekt. An diesem historischen Datum war die Entscheidung zu treffen, ob die erste atomare Kettenreaktion ausgelöst werden sollte. Damals hatten viele der an dem Projekt beteiligten Wissenschaftler Bedenken. Sie hatten eine schwache Ahnung, wohin ihre Entscheidung einmal führen könnte. Aber die nationalsozialistische Drohung lag über der Welt. Die Regierung verlangte die Waffe, um den Krieg zu gewinnen. So drückten sie auf den Knopf und veränderten den Lauf der Weltgeschichte unwiderruflich.

Nun die Frage. Diese Wissenschaftler konnten sich bei ihrer Entscheidung nur auf ihre Voraussicht verlassen. Vierzig Jahre später können wir sie aus der Rückschau beurteilen. Wie viele von uns würden angesichts des Wissens, das über Nutzen und Risiken der Kerntechnologie vorliegt, noch einmal für die Atomspaltung stimmen, wenn die Entscheidung abermals anstünde? Wie viele von uns würden sich nun jedoch gegen die Atomspaltung aussprechen?

Eine beunruhigendere Frage ist kaum denkbar. Beunruhigend in doppelter Hinsicht. Erstens weil wir zwischen der Annahme und Ablehnung einer Technologie wählen müssen, die solch extreme Vor- und Nachteile hat. Viele von uns würden ihre Stimme gerne teilen, den Nutzen bejahen, der aus dieser Technologie gezogen werden kann, und zugleich ihre schädliche Anwendung verbieten. Leider gibt es nur die eine Atomspaltung, und die Erkenntnis, die wir aus dem Experiment gezogen haben, gehört zum kollektiven Gedächtnis unserer Art, bleibt stets greifbar und für gewisse verhängnisvolle Zwecke verwendbar.

Da jeder Technologie die Möglichkeit der Ausbeutung innewohnt, und da wir seit langem bestrebt sind, jeden Aspekt unserer Umwelt zu beherrschen, erscheint die Annahme unlogisch, wir könnten die Reichweite einer technischen Revolution dadurch einschränken, daß wir ihre Nutzung zur Kontrolle über bestimmte Umweltaspekte zulassen, über andere jedoch nicht. Soweit wir wissen, sind im Laufe der Zeit stets so gut wie alle Möglichkeiten einer neuen technologischen Erfindung ausgenutzt worden, mochten sie nun segensreich oder in höchstem Maße zerstörerisch sein.

Zweitens wirft die Frage nach dem Für und Wider der Atomspaltung darüber hinaus noch eine Reihe weit schwierigerer Fragen auf. Selbst wenn die Nachteile die Vorteile überwiegen, was wohl jeder vernünftige Mensch zugeben wird, so scheint das Nein zur Atomspaltung undenkbar zu sein, vielleicht ebenso undenkbar wie die Entscheidung, auf den Knopf zu drücken und die Welt der Vernichtung preiszugeben. Unser Denken wird uns einfach nicht erlauben, die Atomspaltung abzulehnen, ungeachtet der Erkenntnis, wohin diese Entscheidung geführt hat. Instinktiv mögen wir zurückschrecken, aber unser vernunftbegabter Teil, unser bewußtes Denken ruft, daß wir müssen, wir haben keine Wahl: es ist unser Schicksal, es gibt keine Alternative, es ist die Last, die wir tragen müssen.

Nein zu sagen hieße, alles zu verdammen, was uns lieb und teuer ist. Mit der Ablehnung des Experiments wäre unser Weltbild bedroht, unsere Erkenntnismethode in Frage gestellt und unsere traditionelle Beziehung zur Technik untergraben. Wir sind überzeugt, daß wir durch das Nein den Traum aufgeben würden, den so viele Generationen genährt haben, den Traum vom schrankenlosen Fortschritt, den Traum von der Schöpfung unseres eigenen, irdischen Paradieses.

Was in all diesen Diskussionen über das Für und Wider der Atomspaltung unerwähnt bleibt, ist eine Furcht, die alle anderen übertrifft. Es ist die Furcht, möglicherweise unsere Denkweise verwerfen zu müssen: die Art und Weise, wie wir unser Bewußtsein seit jenem ersten Tag konditioniert haben, als wir uns halb nackt, verletzlich, heimatlos und allein vor den verschlossenen Toren des Paradieses wiederfanden. Über Millionen von Generationen hat sich die Menschheit den Kopf zermartert, wie sich die Erkenntnis am besten in den Dienst der Ausbeutung der Welt stellen läßt. Im Laufe der Jahrtausende haben wir Kontinente verschlissen und Denkmäler errichtet, die in vorgeschichtliche Zeiten zurückreichen, und über diesen ganzen Zeitraum waren wir, von kurzen Intervallen und Ruhepausen abgesehen, fortwährend bestrebt, Wissen zu sammeln, um Macht zu gewinnen, um Herrschaft auszuüben und Sicherheit zu erlangen.

Es ist kein Wunder, daß so viele Menschen die Atomspaltung für unvermeidlich halten: daß sie in ihr eine unvermeidliche Stufe der Entwicklungsgeschichte des menschlichen Denkens sehen und meinen, jeder Versuch, sie zu unterbinden, sei vergeblich gewesen. Nach ihrer Auffassung sucht der menschliche Verstand stets nach neuen Möglichkeiten, die Naturkräfte zu beherrschen und Macht über andere Menschen zu gewinnen, und deshalb begreifen sie die Atomspaltung als die logische Folge des menschlichen Bewußtseins.

Für diese Menschen ist das Nein zur Atomspaltung undenkbar, weil es vor allem einen Verzicht auf Macht bedeuten würde. Im wesentlichen bedeutet die Nukleartechnologie eine neue Form der Macht an sich, größer als sie der Menschheit je zur Verfügung gestanden hat. Sollen wir von der außerordentlichen Macht, die uns der Prozeß der Kernspaltung und -verschmelzung an die Hand gibt, Gebrauch machen oder nicht? Für die Bedeutung dieser Frage spielt es keine Rolle, ob es um die Nutzung der Kernenergie in Form der Bombe oder eines Kernkraftwerkes geht. Denn auch im zweiten Falle, in dem es ausdrücklich um die friedliche und gesellschaftliche Nutzung der Technologie geht, ist die Frage nach der zulässigen und unzulässigen Machtausübung zu stellen.

Wie die Atombombe setzt auch das Kernkraftwerk riesige Energiemengen frei. Wenn die Energie auch für positive wirtschaftliche Zwecke genutzt wird, so werden im Entstehungsprozeß doch so gewaltige Kräfte frei, daß es ungeachtet aller Sicherheitsvorkehrungen, Steuer- und Kontrollmechanismen zu grundlegenden Verschiebungen in größeren Ökosystemen kommt.*

Radioaktive Lecks, potentielle Kernschmelzen, Tonnen von Atommüll, für die es keine Lagermöglichkeit gibt, Strahlengefährdung bei Abbau und Verarbeitung von Uran – das sind nur einige der schwerwiegendsten Probleme dieser Technologie.

Bei der Entscheidung für oder gegen die Atomspaltung entschei-

* Der Unfall in Tschernobyl hat das der ganzen Welt vor Augen geführt.

den wir im Grunde genommen, ob wir die ungeheure Macht des Atoms nutzen sollen oder nicht. Ist die Anwendung dieser Macht zu rechtfertigen oder nicht? Nach Armory Lovins, einem Physiker und bekannten Umweltschützer, gleicht die Energieerzeugung mittels der Atomspaltung in etwa dem Schneiden von Butter mit einer Kettensäge. Trotzdem ist das Nein zur Atomspaltung und die Ablehnung der Technologie, die sie hervorgebracht hat, schlechthin unvorstellbar. Solche Gedanken lassen sich mit dem augenblicklichen Bewußtseinszustand der Menschheit einfach nicht in Übereinstimmung bringen.

Das Nein zur Atomspaltung ist also die höchste Anforderung, die die Menschheit überhaupt an sich stellen kann. Sind wir bereit, uns von der Einstellung loszusagen, mit der wir seit dem ersten Dämmern des abendländischen Bewußtseins auf die Welt eingewirkt haben? Sind wir gewillt, auf ausbeutendes Wissen zu verzichten, Macht aufzugeben, Herrschaft preiszugeben, nach alternativen Möglichkeiten zu suchen, uns Sicherheit zu verschaffen? Sind wir bereit, in gewissen Fällen zu einigen Resultaten unserer technischen Kunstfertigkeit nein zu sagen? Sind wir bereit zu einem radikalen Umdenken in unserer Beziehung zu unseresgleichen und zu dem Planeten, auf dem wir leben? Welchen Preis ist uns die Erhaltung des Lebens hier auf der Erde wert?

Teil II

Das manipulierte Gen

1945 warfen die USA die erste Atombombe über Hiroshima ab. Einige Jahre zuvor hatte H. J. Muller entdeckt, daß durch Röntgenstrahlen die Häufigkeit von Genmutationen erhöht wird. Wissenschaftler wie Muller und Regierungsvertreter in der Atomenergiekommission wußten, daß das Atomzeitalter einen dramatischen Anstieg der Strahlung mit ernstlichen und schädlichen Folgen für die menschliche Genmutation bringen würde. Die Sorgen über Kernstrahlung und Genmutation führten in der Folge zu einem verstärkten Interesse an der Genforschung.

Die Atomenergiekommission unterstützte diesen Forschungszweig, weil sie sich ein besseres Verständnis der Strahlungswirkungen auf die menschlichen Gene versprach. Unter anderem vergab sie ein Doktorandenstipendium an einen jungen Genetiker namens James Watson an der University of Indiana. Mit Hilfe dieses Stipendiums entdeckte er die Molekularstruktur der DNS. Watson und sein Kollege Francis Crick bekamen einen Nobelpreis für ihre glänzende Leistung und begründeten eine neue Epoche der Genforschung.

5 Die Produktion der zweiten Genesis

Über die Neuschöpfung des Lebens nach unserem Bild

Als einzige Spezies sind wir mit Bewußtsein ausgestattet. Unsere Physiologie hat uns damit eine wohl einzigartige Fähigkeit geschenkt. Von allen empfindenden Tieren verbringen nur wir einen großen Teil unserer Zeit damit, die Vergangenheit zu neuem Leben zu erwecken. Wir halten Ereignisse, Menschen und Dinge in Ehren, die aus der Welt der Erfahrung schon lange verschwunden sind. Es ist allerdings zuzugeben, daß wir recht wählerisch sind in dem, was wir im Gedächtnis behalten. Unsere Archive sind voller Erinnerungsstücke, die unsere Leistungen rühmen, enthalten aber keinen Hinweis auf den ökologischen Preis, den der zivilisatorische Fortschritt gekostet hat.

Nehmen wir die Gegenwart. Während wir uns auch weiterhin zu den großen wissenschaftlichen und technischen Errungenschaften des Industriezeitalters beglückwünschen, wird der wachsenden Umweltbelastung, die eine Begleiterscheinung dieser Entwicklung ist, vergleichsweise wenig Beachtung geschenkt. Doch schon ein flüchtiger Blick auf diese Bilanz würde auch dem Skeptiker zeigen, daß unserem Fortschrittsstolz bestenfalls vorläufige Dauer beschieden sein kann.

Zivilisationen sind auf Kosten der natürlichen Ressourcen errichtet worden. Insofern ist alle Macht letztlich geborgt und erbeutet. Wenn wir uns selber aufblähen, so bedeutet das die Reduktion eines Teils der belebten und unbelebten Welt, in der wir leben. Keine Zivilisation ist frei und unabhängig errichtet worden. Eine jede ist der natürlichen Welt verpflichtet, der sie alle die Dinge entzogen hat, die sie brauchte, um sich zu konstituieren und zu entfalten. Jede komplexe Gesellschaft verdankt ihre Existenz Anleihen auf die Zukunft. Alle großen gesellschaftlichen Experimente in der Geschichte waren mit Hypotheken belastet. Und stets kam es zum Konkurs der betreffenden Zivilisation, wenn am Ende die Rechnung präsentiert wurde.

Sehen wir uns die Bilanzen des Industriezeitalters an. Zehn Generationen unserer Spezies haben einen beispiellosen materiellen Fortschritt erlebt, was der Menschheit in dieser Epoche den größten Überfluß ihrer langen Geschichte bescherte. Wir waren so damit beschäftigt, die Zahlen auf der Habenseite zusammenzuzählen, daß wir kaum Zeit gefunden haben, einen Blick auf die immer größer werdenden Summen der Sollseite zu werfen. Eine Erde, die in sauren Regen getaucht, von chemisch verseuchten Müllplätzen überzogen und in ihren Ozeanen, Seen, Flüssen vergiftet ist. Eine Erde, die von der atmosphärischen Erwärmung fieberkrank und von einem Massensterben der Arten heimgesucht ist, dem schon fast 17 Prozent der verbleibenden Tier- und Pflanzenspezies zum Opfer gefallen sind. Eine Erde, die bis zu einem Drittel ihres Mutterbodens verloren hat und beinahe um die Hälfte der verwertbaren Metalle und Mineralien beraubt wurde. Auch das ist Teil unserer Bilanz, wenn es auch weit angenehmer ist, die Heldentaten aufzuzählen, als sich mit den Fehlentwicklungen auseinanderzusetzen.

Jetzt wird dem Industriezeitalter der Wechsel präsentiert. Jahrhundertelang haben wir die Begräbnisstätten des Karbons geplündert auf der Suche nach der Energie, die wir brauchten, um die Riesenmaschinen des modernen Wirtschaftslebens anzutreiben. Auf der Suche nach Kohle, Öl und Erdgas haben wir den langen Frieden der Gräber voller gespeicherter Sonnenenergie gestört, die tief unter der Erdkruste liegen. Und jetzt, da wir einen Großteil der Überreste einer Energie an die Oberfläche gezerrt haben, die uns unerschöpflich erschien, sehen wir uns auf schreckliche

Weise daran erinnert, wie dringend wir die knappen Schätze der Erde für unser nacktes Überleben brauchen.

Das Industriezeitalter wurde durch fossile Brennstoffe möglich. Dieser schlichte Tatbestand wirft eine beunruhigende Frage auf – Können wir das industrielle System beibehalten, nachdem uns das Material ausgegangen ist, aus dem es besteht? Jenseits dieser Frage liegt der große Abgrund, das Niemandsland, in dem wir gezwungen sind, unsere Zivilisation neu zu entwerfen. Was kommt nach dem Industriezeitalter?

Zwar wird das Industriezeitalter nicht über Nacht zu Ende gehen, auch nicht im Laufe einer Generation, noch nicht einmal in einer Lebensspanne, aber seinen Anspruch auf die Zukunft hat es lange verspielt. Vom jugendlichen Überschwung der industriellen Epoche kündet heute nur noch ein fernes Echo. Wie alle großen Epochen ist es dem Zahn der Zeit nicht entkommen. Das heißt nicht, daß uns das Industriezeitalter nicht weiterhin begleiten wird, so wie es die anderen großen Wirtschaftsepochen tun. Noch immer kann man an vergessenen Flecken unseres Planeten auf kleine Nester mittelalterlichen, sogar jung- und altsteinzeitlichen Lebens stoßen. Diese lebendigen Museen erinnern an die Kette menschlicher Experimente im Laufe der Jahrtausende, die alle dazu bestimmt waren, ein unsterbliches Reich inmitten unseres allzu sterblichen irdischen Daseins zu errichten.

Nun, da wir gezwungen sind, aus der Unterwelt des gespeicherten Sonnenlichts wieder emporzuklettern, beginnt ein neues Kapitel unserer Suche nach wirtschaftlicher Prosperität. Die Weltwirtschaft befindet sich in einem langfristigen Übergang von einer nicht erneuerbaren zu einer erneuerbaren Energiebasis. Da die fossilen Brennstoffe knapper werden, teurer in der Verarbeitung, kostspieliger in ihrer Verwendung und Wiederaufarbeitung, suchen wir nach biologischen Ressourcen als Energiequelle unserer Zivilisation.

Nahezu zwei Jahrzehnte lang treten die Umweltschützer nun für erneuerbare Energiequellen ein. In ihrer Begeisterung haben sich die Ökologen aus irgendeinem Grund zu der irrigen Überzeugung verleiten lassen, die Übernahme einer erneuerbaren Energiequelle durch die Weltwirtschaft würde automatisch zu einem vertieften Umweltbewußtsein führen. Die Umweltschützer hatten sogar den voreiligen Schluß gezogen, mit dem Zeitalter der erneuerbaren Energiequellen würde auch das ökologische Zeitalter anbrechen. Leider verhält es sich ganz anders.

Tatsächlich handelt es sich um zwei ganz verschiedene Wege in das Zeitalter der Biologie. Von ihnen wird sich die ökologische Alternative wahrscheinlich als weniger öffentlichkeitswirksam und durchsetzbar erweisen.

Der ökologische Entwurf beruft sich auf die offensichtliche Notwendigkeit, unsere Bilanzen mit der Natur auszugleichen. Leitprinzip ist die Absicht, ihre Erzeugnisse nicht rascher zu verbrauchen, als sie reproduziert werden können. Die Vertreter des ökologischen Ansatzes verstehen sich als Partner der natürlichen Umwelt, nicht als ihre Aufseher und Ausbeuter. Ihr vordringliches Anliegen ist die Erhaltung der belebten und unbelebten Umwelt im Interesse künftiger Generationen. Die Propheten der ökologischen Vision fordern uns auf, allen Erscheinungsformen des Lebens mehr Gerechtigkeit widerfahren zu lassen. Einfach und in Einklang mit den Rhythmen des Ökosystems zu leben, von den Ressourcen der Erde nur zu nehmen, was uns zusteht, das Recht aller Lebewesen auf Erfüllung ihres Telos oder ihre Natur zu achten. Dies sind nur einige der wichtigsten Forderungen, die für den ökologischen Weg in das biologische Zeitalter bestimmend sind.

Allerdings gibt es noch einen anderen Weg zur Organisation des kommenden Zeitalters. Gemeint ist die Genmanipulation, die mehr ist als eine Reihe neuer Produkte, mehr als eine neue Technik. Sie ist eine Methode zur Organisation des gesamten biologischen Zeitalters. In Theorie und Praxis läuft die Gentechnik den Grundprinzipien des ökologischen Ansatzes so entschieden zuwider, daß sie einen völlig anderen Zukunftsentwurf darstellt.

Die wichtigsten Zielsetzungen der Gentechnik sind Leistung und Schnelligkeit. Zwar sind die Geningenieure mit den Umweltschützern darin einer Meinung, daß ein langfristiger Umstieg von nicht erneuerbaren auf erneuerbare Energiequellen wichtig und unverzichtbar ist, kommen aber zu ganz anderen Ergebnissen, wenn es um die entscheidende Frage geht, auf welche Weise das biologische Zeitalter zu organisieren ist. Ihrer Auffassung nach sind die natürlichen Produktions- und Wiederaufbereitungsrhythmen unzureichend, um dem steigenden Lebensstandard einer wachsenden Erdbevölkerung genügen zu können. Um die relative Langsamkeit der Sonnenproduktion auszugleichen, muß die Erbanlage von Mikroben, Pflanzen und Tieren so verändert werden, daß sich ihre Verwandlung in nützliche Wirtschaftsprodukte erheblich beschleunigt. Der genetische Bauplan eines Baumes muß so abgewandelt werden, daß er in einem Jahr ausgewachsen ist. Die genetischen Informationen von Haustieren müssen so manipuliert werden, daß ihre Nachkommen zu schneller wachsenden «Supertieren» werden. Die genetische Ausstattung von Pflanzen muß so beschaffen sein, daß sich ihr Ernteertrag weiter steigert. Schnelligkeit und Leistung werden zu den Kriterien, Mitteln und Zwecken der Gentechnik. Eine immer schnellere Umwandlung biologischer Ressourcen in Wirtschaftsgüter wird zum A und O des kommenden Zeitalters.

Natürlich könnte ein Historiker einwenden, daß die Menschheit seit den ersten Anfängen der Landwirtschaft in der Jungsteinzeit stets daran interessiert war, den Ertrag der biologischen Ressourcen zu erhöhen. So läßt sich fragen, ob die Anwendung der Gentechnik nicht einfach eine graduelle und keine grundsätzliche Veränderung im Verständnis und der Organisation unserer Beziehung zur biologischen Welt impliziert. Doch während die Beweggründe der Genmanipulation fest im historischen Bewußtsein der Art verwurzelt sind, bedeutet die Technik selbst einen qualitativen Bruch.

Die Gentechnik signalisiert den radikalsten Wandel in unserer Beziehung zur natürlichen Welt seit dem Beginn des pyrotechnischen Zeitalters. Bis zum letzten Jahrzehnt waren wir noch völlig abhängig von der prometheischen Gabe des Feuers. Unsere Welt ist im Feuer geschmiedet worden. Unsere Identität haben wir in den Flammen der pyrotechnischen Künste gewonnen. Das Feuer hat unser Bewußtsein und unser gesellschaftliches Zusammenleben geformt. Es ist die bestimmende Technik der gegenwärtigen weltgeschichtlichen Epoche.

In den siebziger Jahren unseres Jahrhunderts gelang jedoch zwei Molekularbiologen im Laboratorium eine Entdeckung, die es mit der Bedeutung der Feuertechnologie aufzunehmen vermag. Es waren Herbert Boyer von der Universität Chicago und Stanley Cohen von der Stanford-Universität. Diese Wissenschaftler nahmen

Stücke genetischen Materials von zwei nicht verwandten Arten, fügten sie zusammen und schufen damit auf molekularer Ebene eine Lebensform, wie es sie in der Natur noch nie gegeben hatte. Dieser Prozeß heißt «rekombinante DNS» und revolutioniert unsere gesamte Beziehung zur lebendigen Welt.

Mit der Technik der rekombinanten DNS lassen sich heute ganz neue Kombinationen von Lebewesen durch Zerschneiden, Rekombinieren, Inserieren und Spleißen des genetischen Materials programmieren und herstellen, so wie unsere Vorfahren unbelebtes Material zu neuen Kombinationen und Formen brannten, gossen, schmolzen und löteten.

Der Übergang vom pyrotechnischen zum biotechnischen Zeitalter ist die wichtigste und tiefgreifendste Veränderung in der überlieferten Geschichte. Um das zu verstehen, müssen wir den Unterschied zwischen der traditionellen Veränderung biologischer Organismen und gentechnischen Eingriffen begreifen.

Soweit die menschliche Erinnerung zurückreicht, haben wir Tiere und Pflanzen domestiziert, gezüchtet und gekreuzt. Doch in der langen Geschichte solcher Versuche waren wir in unseren Wirkungsmöglichkeiten ziemlich eingeschränkt, weil wir stets an die Grenzen der Paarungsmöglichkeiten und der unüberbrückbaren Artunterschiede stießen. Zwar hat uns die Natur gelegentlich gestattet, die natürlichen Artgrenzen zu überschreiten, doch hatten wir bei solchen Ausflügen nie viel Spielraum. Luther Burbank und viele, viele seiner Vorgänger mußten einsehen, daß der Manipulation auf der Ebene des Organismus oder der Spezies naturgegebene Grenzen gesetzt sind.

Die genetische Manipulation geht solchen Einschränkungen gänzlich aus dem Wege. In der neuen Technik findet die Manipulation nicht mehr auf der Ebene der Art, sondern des Gens statt. Die Arbeitseinheit ist nicht mehr der Organismus, sondern das Gen. Das hat eine enorme und weitreichende Bedeutung.

Zunächst einmal wird der gesamte Begriff der Spezies als separate, identifizierbare Einheit mit einer besonderen Natur hinfällig, sobald man mit der Neukombination genetischer Merkmale über die Artgrenzen hinweg beginnt. Vielleicht können zwei Beispiele am besten zeigen, wie dramatisch die Gentechnik unsere Beziehung zur Natur verändert.

1983 hat Harold Brinster vom Veterinärmedizinischen Institut der Universität Pennsylvania Gene des menschlichen Wachstumshormons in Mäuseembryos insertiert. Von Geburt an brachten die Mäuse die menschlichen Gene zum Ausdruck und wuchsen zweimal so schnell und so groß wie alle Mäuse zuvor. Diese «Supermäuse», wie sie von der Presse getauft wurden, gaben das Gen des menschlichen Wachstumhormons an ihre Nachkommen weiter. Es gibt jetzt also eine Mäuserasse, die Generation um Generation die menschlichen Wachstumsgene ausprägt. Die menschlichen Gene sind dauerhaft in die Erbanlage der Tiere aufgenommen worden.

Anfang 1984 wurde in England eine vergleichbare Leistung vollbracht. Wissenschaftler verschmolzen eine Ziegenzelle mit einer Schafzelle und pflanzten das befruchtete Material einer Ersatzmutter ein, die eine Schaf-Ziegen-Chimäre zur Welt brachte, das erste Beispiel für die Kreuzung zweier völlig unverwandter Arten in der Menschheitsgeschichte.

Selbst mit den ausgefeiltesten Züchtungsverfahren ließen sich diese Experimente in der Natur nicht wiederholen. Im Labor jedoch gelten diese Beschränkungen nicht mehr. Es hat sich im Bewußtsein der Öffentlichkeit noch nicht durchgesetzt, daß wir mit den neuen Gentechniken das Genmaterial über die natürlichen Grenzen hinweg kombinieren können, so daß uns alles Leben zu frei verfügbarem chemischem Rohmaterial wird. Diese radikal neue Form biologischer Manipulation verändert sowohl unseren Begriff von der Natur wie auch unsere Beziehung zu ihr. Wir fangen zwangsläufig an, das Leben aus dem Blickwinkel des Chemikers zu sehen. Die Spezies oder der Organismus besitzt nicht mehr unsere Achtung und Aufmerksamkeit, denn unser Augenmerk richtet sich zunehmend auf die Tausende von Strängen genetischer Information, die den Bauplan der Lebewesen bilden.

Mit der neuentdeckten Fähigkeit, in den Entwurf der Lebewesen einzugreifen, fällt uns eine neue Rolle in der natürlichen Ordnung der Dinge zu. Erstmalig in der Geschichte werden wir zu Architekten des Lebens selbst. Wir werden zu Schöpfern und Planern. Wir fangen an, die genetischen Kodes der Lebewesen umzuprogrammieren, sie unseren kulturellen und wirtschaftlichen Bedürfnissen anzupassen. Wir schicken uns an, eine zweite Genesis in Angriff zu nehmen, diesmal eine synthetische, die auf die Erfordernisse von Leistung und Produktivität abgestellt ist.

Die kurzfristigen Vorteile, die uns aus dieser neuen Macht erwachsen, sind in der Tat bestechend. Heute schon werden wir mit einer Fülle von Berichten aus Wissenschaft, Technik und Politik überschwemmt, in denen uns die sozialen Vorteile dieser technischen Revolution angepriesen werden. Neue, biotechnisch erzeugte Getreidesorten, die die Landwirtschaft auf den Kopf stellen und eine hungrige Welt ernähren sollen. Das Klonen neuer Rassen von Supertieren, welche die Fleischproduktion steil nach oben klettern lassen sollen. Neue Mikroben, die Ölteppiche verzehren, Giftmüll zersetzen und die Schädlinge auf den Feldern vernichten. Andere Mikroorganismen, die nützliche Mineralien aus Metallerzen gewinnen oder kostengünstig Ernergie durch die Umwandlung von Biomasse erzeugen. Eine neue Generation von Pharmazeutika, Mittel, von denen wir uns nie hätten träumen lassen. Die Genchirurgie, die uns von schlimmen Erbkrankheiten befreit, die Jahrtausende lang grausam unter den Menschen gewütet haben. Und man behauptet, diese Beispiele seien erst ein schwaches Vorspiel der ungeheuren Möglichkeiten, die vor uns liegen, schlagen wir diesen Weg ein. Mit der Macht, den genetischen Kode des Lebens zu manipulieren, eröffnen sich uns praktisch unbegrenzte Möglichkeiten. Wir erleben die frühen Morgenstunden einer neuen weltgeschichtlichen Epoche; wir schicken uns an, die Herrschaft über unser biologisches Schicksal eigenverantwortlich anzutreten. Wenn die Biologieexperten sich auch nicht festlegen wollen, wie lange unsere Art braucht, um den Schritt von der Alchimie zur Algenie zu tun, so sind sie sich doch sicher, daß der Weg zu den neuen Horizonten schon eingeschlagen ist und daß am Ende der biologische Bestand unseres Planeten umgestaltet sein wird, diesmal nach unseren Vorstellungen. Unsere Generation, so heißt es, steht am Anfang dieser Reise, deren letzte Konsequenzen wohl erst kommende Jahrhunderte erfassen können.

Das biotechnische Zeitalter wird ausgegeben als enormer Fortschritt für die Menschheit. Die Propheten und Wissenschaftler, die politischen Alleswisser und die Wirtschaftskapitäne – sie alle preisen die Tugenden dieses neuen technischen Kraftakts mit soviel Begeisterung und Leidenschaft, daß selbst die Zweifler unter uns Gefahr laufen, sich von ihrem Überschwang mitreißen zu lassen.

In Zeiten wie dieser, da die ganze Gesellschaft in den Wehen einer spektakulären Metamorphose zu liegen scheint, scheuen wir uns natürlich, den historischen Prozeß leichtfertig durch kleinliche Bedenken zu bremsen. Man darf wohl mit Fug und Recht behaupten, daß unsere Art, wenn es in letzter Zeit darum ging, unsere Macht und Herrschaft über die Naturkräfte zu steigern, wenig Bereitschaft gezeigt hat, ihren technischen Tatendrang durch irgendwelche Zweifel am eigenen Tun zügeln zu lassen. Statt dessen wiegen wir uns noch immer in der scheinbar gesicherten Überzeugung, daß, was getan werden kann, auch getan werden muß. Wir verhalten uns, als ginge es nur darum, alle Hindernisse aus dem Weg zu räumen, die sich der Übernahme jener neuen technischen Machtfülle in den Alltag in den Weg stellen könnten.

Doch wenn uns die Geschichte etwas gelehrt hat, dann die Erkenntnis, daß jede neue technische Revolution Vor- und Nachteile mit sich bringt. Je besser uns die Technik in die Lage versetzt, die Naturkräfte auszubeuten und zu beherrschen, desto höher sind die ökologischen Kosten, die wir zu zahlen haben, nämlich die Störung und Zerstörung der lebenserhaltenden Ökosysteme. Ohne Frage bestätigen unsere jüngsten Erfahrungen mit der nuklearen und der petrochemischen Revolution diese alte Wahrheit.

Deshalb ist es alles andere als nur ein bißchen beunruhigend, unsere Wissenschaftler, Manager und Politiker mit soviel ungebremster Begeisterung von den Wunderdingen reden zu hören, die uns in der bevorstehenden biotechnischen Epoche erwarten. Man kann daraus nur schließen, daß sie in ihrem Eifer entweder die Lehren der Geschichte vergessen haben oder daß sie unredlich handeln.

Die Gentechnik ist das perfekte Werkzeug. Sie gibt der Menschheit eine Macht über die Naturkräfte wie noch keine Technik bisher, vielleicht mit Ausnahme der Atombombe, dem höchsten Ausdruck des pyrotechnischen Zeitalters. Mit der Gentechnik treten wir die Herrschaft über die Erbpläne des Lebens an. Kann irgendein vernünftiger Mensch glauben, daß eine solche Macht mit keinerlei Risiken verknüpft ist?

Die Frage, ob wir uns auf den langen Weg begeben sollen, der uns schließlich zu den Architekten des Lebens machen wird, ist zusammen mit dem Kernwaffenproblem die wichtigste Frage, vor der die Menschheit je gestanden hat. Die ökologischen Fragen, die durch diese Aussicht aufgeworfen werden, sind wahrhaft schwindelerregend: Die wirtschaftlichen, politischen und moralischen Probleme, welche durch die neue Technologie geschaffen werden, sind ohne Beispiel in der Menschheitsgeschichte.

In letzter Zeit haben wir viel über die Vorteile dieser großen technischen Revolution gehört. Eine Diskussion über ihre Nachteile ist hingegen längst überfällig. Denn letztlich müssen wir eben beide Seiten genau abwägen, wenn wir entscheiden, ob wir uns auf diese besondere Technik einlassen wollen, eine Technik, die alle künftigen Generationen des Lebens auf diesem Planeten nachhaltig beeinflussen wird.

6 Schaffung des leistungsfähigen Gens

Ist unser Wertesystem auch das der Natur?

Der biotechnischen Revolution liegt der Mythos zugrunde, es sei möglich, die Produktion immer leistungsfähigerer lebendiger Wirtschaftsgüter sei beliebig zu steigern, ohne daß uns die erforderlichen Rohstoffe je ausgingen. Es wird nicht leicht sein, auf diese große Illusion zu verzichten. Sie hat in den letzten Jahrzehnten allgemeine Anerkennung gefunden, weil sich in der Unterscheidung zwischen fossilen Brennstoffen und biologischen Ressourcen eine sehr unglückliche Wortverknüpfung eingebürgert hat. Häufig werden erstere als nicht erneuerbar und letztere als erneuerbar bezeichnet. Tatsächlich sind die lebenden Ressourcen aber ebenso erschöpfbar und begrenzt wie die fossilen Brennstoffe. Irgendwann ist es uns jedoch «gelungen», die Vorstellung reproduzierbarer Ressourcen mit der Idee niemals zu erschöpfender Ressourcen zu vertauschen. Das ist nicht dasselbe. Zwar reproduzieren sich lebende Ressourcen, nicht jedoch die lebenserhaltenden Systeme, aus denen sich jene nähren.

Die Geningenieure verschließen sich dieser grundlegenden Tatsache. Statt dessen erzählen sie uns von der Produktionssteigerung ihrer Lebewesen, fest davon überzeugt, daß die Information, die in den genetischen Anweisungen kodiert ist, den Schlüssel zu unbegrenzter Produktivität liefert. Stellen wir uns einmal vor, es sei möglich, gentechnisch neue Pflanzen herzustellen, die mehr Sonnenlicht absorbieren und die Effizienz der Photosynthese steigern können. Während die Vorteile einer solchen Entwicklung auf der Hand zu liegen scheinen, zeigt eine eingehendere Prüfung, welcher Preis gezahlt werden müßte, um die gewünschten Ergebnisse zu erzielen.

Die intensivierte Photosynthese würde zu einem stärkeren Abbau der Nährstoffe im Boden führen, also zu einer noch schnelleren Erschöpfung und Erosion des jetzt schon bedrohten landwirtschaftlichen Bodens. Bodenerschöpfung und -erosion sind die Hauptprobleme der heutigen Landwirtschaft. Fast ein Drittel unseres ursprünglich landwirtschaftlich nutzbaren Bodens ist in den letzten drei Jahrzehnten der Erschöpfung zum Opfer gefallen, vor allem infolge der erhöhten Produktivität im Zuge der sogenannten Agrarrevolution. Gentechnisch erzielte Verbesserungen in Reifezeit und Bruttoproduktivität würden zusätzliche Belastungen für einen ohnehin überbeanspruchten Boden bedeuten und damit die konkrete Gefahr heraufbeschwören, daß die Nutzpflanzen eines Tages nicht mehr genügend Nährstoffe im Boden vorfinden.

Kurzfristig wird die Gentechnik fraglos zu einer schnelleren Umwandlung von biologischem Material in nützliche Wirtschaftsgüter führen, dabei aber den Abbau der Reserven von Stoffen beschleunigen, die für die Reproduktions- und Lebensfähigkeit künftiger Organismen unentbehrlich sind. In der Natur gibt es keine Ausnahmen. Alle biologischen und physikalischen Erscheinungen sind der Entropie und dem zweiten Lehrsatz der Thermodynamik unterworfen. Die Fähigkeit, die genetischen Informationen von produktiveren Lebewesen zu speichern und zu programmieren, nützt wenig, wenn in der Umwelt die lebenserhaltenden Nährstoffe fehlen.

Wir haben festgestellt, daß alle großen technischen Revolutionen sich die Gegenwart durch Anleihen auf die Zukunft sichern. Die Gentechnik ist folglich die höchste Hypothek auf die Zukunft. Sie wird die Zinslast künftiger Generationen über jedes

Maß erhöhen, das uns in der langen Geschichte unserer Versuche, die Naturkräfte zu beherrschen, bislang begegnet ist.

Jedesmal wenn wir uns zur Einführung eines neuen genmanipulierten Organismus in die Umwelt entschließen, klettert die ökologische Zinsrate um einen Punkt nach oben. Denn jedes gentechnisch erzeugte Produkt bedeutet eine potentielle Bedrohung für das Ökosystem, in das es entlassen wird. Um das zu begreifen, müssen wir uns mit einigen charakteristischen Eigenschaften genmanipulierter Organismen bekannt machen. Am besten vergleichen wir dazu biotechnische Produkte mit petrochemischen Produkten.

Gentechnisch hergestellte Produkte unterscheiden sich von petrochemischen Produkten in einigen wichtigen Aspekten. Da die Produkte der Gentechnik lebendig sind, läßt sich ihre Wechselwirkung mit anderen Lebewesen der Umwelt naturgemäß schlechter vorhersagen als die petrochemischer Produkte. Infolgedessen lassen sich die möglichen Auswirkungen biotechnischer Produkte auf die Ökosysteme der Erde sehr viel schwerer prognostizieren.

Gentechnische Produkte pflanzen sich zudem fort. Anders als petrochemische Produkte sind sie nicht auf einen bestimmten geographischen Bereich einzuschränken. Sobald man die lebendigen Produkte einmal in Freiheit gesetzt hat, ist es praktisch unmöglich, sie ins Labor zurückzurufen, vor allem wenn es sich um Mikroorganismen handelt. Aus all diesen Gründen sind die potentiellen Risiken gentechnischer Produkte langfristig wesentlich größer als bei petrochemischen Stoffen.

Wie groß ist die Gefahr dieser gentechnischen Produkte tatsächlich? Ökologen warnen uns, daß die Gefahren bei der Einführung biotechnischer Produkte in die Biosphäre mit den Risiken andeutungsweise vergleichbar sind, die sich bei der Ausbreitung exotischer Organismen in der nordamerikanischen Lebensumwelt zeigten. Im Laufe der letzten Jahrhunderte sind aus allen Regionen der Erde Tausende nicht einheimischer Organismen nach Amerika gebracht worden. Während die meisten dieser Arten dem Ökosystem ohne größere Störungen integriert werden konnten, hat sich ein kleiner Prozentsatz unkontrolliert vermehrt und der Flora und Fauna schweren Schaden zugefügt. Schwammspinner, Ulmensterben, Trockenfäule der Kastanienbäume, Stare oder die Taufliege aus dem Mittelmeerraum sind in diesem Zusammenhang zu nennen.

Jedesmal wenn ein gentechnisch hergestellter Organismus in Freiheit gesetzt wird, besteht eine gewisse Möglichkeit, daß er solche unkontrollierbaren Schäden anrichtet, weil er wie die exotischen Organismen in Nordamerika keine natürlich vorkommende Lebensform ist. Er wird künstlich in eine komplexe Umwelt eingebracht, in der sich über Jahrmillionen ein fein abgestimmtes Netz von wechselseitigen Beziehungen entwickelt hat. Mit jeder synthetischen Neueinführung spielt man also gleichsam ökologisches Roulett. Zwar sind die Aussichten, eine Umweltexplosion auszulösen, gering, doch wenn es geschieht, können die Konsequenzen unabsehbar und unwiderruflich sein.

Betrachten wir zum Beispiel die ersten amerikanischen Experimente, in denen es darum ging, einen gentechnisch hergestellten Organismus in die Umwelt zu entlassen. Forscher an der Universität von Kalifornien hatten eine Bakterie namens P-Syringae entwickelt. In ihrer natürlichen Form kommt das Kleinstlebewesen in allen Gebieten der Erde vor. Ihr besonderes Merkmal ist die Fähigkeit, als Kristallisationskern für Eiskristalle zu dienen. Mit anderen Worten, sie trägt zur Bildung von Raureif oder Eis bei. Mit Hilfe der rekombinanten DNS-Technik gelang es den kalifornischen Forschern, die genetischen Anweisungen zur Eisbildung aus der Bakterie zu entfernen. Die genetisch modifizierte Mikrobe P-Syringae heißt Eis-minus.

Die Wissenschaftler geraten ins Schwärmen, wenn von den langfristigen wirtschaftlichen Möglichkeiten der Eis-minus-Bakterie die Rede ist. Frostschäden sind seit langem ein Hauptproblem der amerikanischen Farmer. Hauptübeltäter ist die P-Syringae, die sich an den Pflanzen festsetzt und die Eiskristalle bildet. Das amerikanische Unternehmen, das diese Forschungsarbeiten finanziert, hofft, durch massive Konzentrationen von Eis-minus-P-Syringae auf landwirtschaftlichen Nutzpflanzen die natürlich vorkommende P-Syringae verdrängen und so die Pflanzen mit einer biologischen Schutzschicht gegen Frostschäden überziehen zu können. Die Einführung dieses gentechnisch produzierten Organismus scheint beeindruckende Vorteile zu versprechen. Erst wenn man die langfristigen ökologischen Kosten berücksichtigt, wird das Problem erkennbar.

Ein guter Ökologe würde sich zunächst die Frage stellen, welche Rolle die natürlich vorkommende P-Syringae in der Natur spielt. Die Fachleute, die sich mit diesem Organismus beschäftigt haben, sind zu dem Ergebnis gekommen, daß seine eisbildende Fähigkeit für die globalen Niederschlagsmuster mitverantwortlich und ein entscheidender Faktor für die Erhaltung der klimatischen Bedingungen auf dem Planeten ist. Nach Meinung der Experten hat die Bakterie P-Syringae eine wichtige Rolle bei der evolutionären Entstehung frostwiderstandsfähiger Pflanzen und Insekten in den nördlichen Erdregionen gespielt.

Viele landwirtschaftliche Nutzpflanzen wie Zitrusfrüchte, Mais und Tomaten sind jedoch tropischen Ursprungs und frostempfindlich. Überlegen wir uns nun, welche Folgen es hätte, würde man jahrzehntelang Millionen Hektar frostempfindlicher Pflanzen mit Eis-minus-Bakterien besprühen. Die Nutzpflanzen würden zwar gegen Frost geschützt sein, doch die örtliche Flora und Fauna würde darunter leiden, da die natürlich vorkommende eisbildende Bakterie, mit der sie über Jahrmillionen gelebt haben, verdrängt würde. Wenn man Millionen Hektar landwirtschaftlicher Nutzflächen mit Eis-minus-Bakterien überzöge, würden damit höchstwahrscheinlich auch Insekten tropischen Ursprungs eine wärmende Schutzschicht erhalten, dank derer sie in kältere Regionen vordringen könnten. Außerdem fragt sich, welche langfristigen Auswirkungen sich für die globalen Niederschlagsmuster und Klimaverhältnisse ergeben würden, wenn die Eis-minus-Bakterie die eisbildenden auf Millionen Hektar Land über einen längeren Zeitraum ersetzen würden.

Schon die Einführung dieses einen gentechnischen Produkts in die Umwelt wirft beunruhigende ökologische Fragen auf. Doch man rechnet für die kommenden Jahrzehnte damit, daß die Industrie jedes Jahr Tausende neuer gentechnischer Produkte in die Umwelt entläßt, so wie sie jedes Jahr Tausende petrochemischer Produkte in die Umwelt setzte. Während sich viele dieser genetisch manipulierten Organismen als harmlos erweisen werden, spricht rein statistisch die Wahrscheinlichkeit dafür, daß sich ein kleiner Prozentsatz als gefährlich und höchst schädlich herausstellen wird.

So erwägen Wissenschaftler zum Beispiel die Möglichkeit, mit Hilfe der Gentechnik ein Enzym herzustellen, welches das Lignin zerstören könnte, eine organische Substanz, die dem Holz seine Festigkeit verleiht. Man verspricht sich großen wirtschaftlichen Nutzen vom Einsatz dieses genmodifizierten Organismus zur Beseitigung der Abwässer von Papierfabriken und zur Zersetzung biologischer Substanzen für die Energiegewinnung. Doch wenn sich das Enzym ausbreiten und Forstregionen erreichen würde, könnte es Millionen Hektar Waldbestand vernichten, indem es den Stoff umwandelt, dem die Bäume ihre Festigkeit verdanken.

Vor einigen Jahren hat General Electric einen Mikroorganismus entwickelt und patentieren lassen, der sich von Ölverunreinigungen ernährt. Dieses neue Mikrogeschöpf ist nie aus dem Labor herausgekommen, vermutlich weil es keine Garantie dafür gibt, daß es sich nicht unkontrolliert vermehren und auf dem ganzen Erdball die Reserven in den Öltanks vernichten würde. Ökologen warnen davor, daß Mikroorganismen, die zum Verzehr giftiger Stoffe bestimmt sind, auch an wertvolleren Substanzen Geschmack finden könnten.

Die langfristige kumulative Wirkung Tausender und Abertausender von gentechnischen Produkten könnte den gesamten Schaden, den die petrochemischen Produkte in den Ökosystemen der Erde angerichtet haben, weit in den Schatten stellen. Bei den neuen biologischen Produkten ist der Schaden nicht zu begrenzen, die zerstörerischen Auswirkungen reproduzieren sich fortlaufend, und die Organismen lassen sich nicht wieder dingfest machen: der Prozeß ist irreversibel.

Viele Menschen sind der irrigen Meinung, die Gentechnik habe eine gute und eine schlechte Seite und man brauche sich nur gegen potentiellen Mißbrauch abzusichern, um dafür zu sorgen, daß nur die positiven Aspekte zum Tragen kommen. Sie begreifen nicht, daß die Probleme von bestimmten Prämissen der Technik, der inneren Logik des Prozesses gesetzt werden, nicht allein von den guten oder schlechten Absichten der Anwender. Dies wird sehr deutlich, wenn wir uns den Einsatz der Gentechnik in Ackerbau und Viehzucht ansehen. Ziel der Gentechnik ist die Verbesserung von Leistung und Produktivität der Pflanzen und Haustiere. Doch Leistung und Produktivität sind kulturelle, also «artifizielle» Werte, keine ökologischen Normen.

Der gentechnische Einbau von Leistung und Produktivität in

Pflanzen und Tiere bedeutet eine Verminderung ihrer Widerstandskraft. Jeder Züchter weiß, daß Versuche zur Steigerung der Produktionsleistung von Pflanzen und Tieren zu einträglicheren, aber auch anfälligeren Rassen führen. Seit langem herrscht Einigkeit darüber, daß Überzüchtung und Überkreuzung Monokulturen und damit einen Verlust an genetischer Vielfalt bewirken. Das Vertrauen auf ein paar Superrassen hat sich als sehr unklug erwiesen, weil es die Anfälligkeit für bestimmte Krankheiten oder einschneidendere Umweltveränderungen erhöht. Genetische Vielfalt sorgt dafür, daß jede Spezies genügend Spielarten aufweist, um sich veränderten Umweltbedingungen anpassen zu können. Durch Beseitigung aller sogenannten unrentablen Rassen und Züchtungen untergraben wir die Anpassungsfähigkeit jeder Art. Zuerst haben die Landwirte bemerkt, welche Probleme aus Monokulturen erwachsen können. Unlängst wurden die Felder der amerikanischen Maisfarmer von einer verheerenden Krankheit heimgesucht. Die Maisart, die sie ausnahmslos anbauten, erwies sich als besonders anfällig für die Krankheit, was zu erheblichen Verlusten führte. Hätten sie verschiedene Arten angebaut, so hätten sich einige als widerstandsfähig erwiesen.

In der Tierzucht haben sich ähnliche Probleme ergeben. Beispielsweise haben sich viele Milchfarmer entschlossen, nur Tiere der Holsteinerrasse zu züchten, weil sie die höchste Milchleistung aufweist. Andere, weniger einträgliche Rassen sind fast verschwunden. Das Holsteinrind ist zwar rentabler, aber auch weniger widerstandsfähig. Es braucht Spezialfutter, spezielle technische Geräte, ständige Betreuung und kann im Gegensatz zu anderen Rassen nicht auf der Weide überwintern.

Die Probleme der Monokulturen und des Verlusts an genetischer Vielfalt werden sich durch die Gentechnik noch erheblich verschärfen. Durch den Einbau entsprechender Gene in die Erbanlage kann die Wissenschaft die Produktivität einer Art kurzfristig steigern. Gleichzeitig können unerwünschte Eigenschaften direkt aus dem Genplan entfernt werden, um die Leistung noch weiter zu verbessern. Es heißt sogar, man wolle in den nächsten Jahrzehnten die Klontechnik in großem Maßstab in Ackerbau und Viehwirtschaft anwenden. Durch die Reproduktion von Millionen identischer Exemplare einer überlegenen künstlichen Rasse oder

Züchtung hoffen die Landwirte, Leistung und Ertrag erheblich steigern zu können. Diese Form reinster Monokultur wird zum fast vollständigen Verlust weniger leistungsfähiger Rassen führen, da sie als unwirtschaftlich und nicht wettbewerbsfähig gelten. Die langfristigen ökologischen Folgen könnten tiefgreifend sein. Stellen wir uns vor, hier im Lande und überall auf der Welt würde man Millionen exakt geklonter Abbilder einer bestimmten Kuh verwenden. Die Ausbreitung einer Krankheit, gegen die dieser bestimmte Genotyp nicht immun ist, könnte zur völligen Vernichtung ganzer Herden und zum weitgehenden Zusammenbruch der Milchwirtschaft führen. Es könnte Jahre dauern, bis man die Reste anderer Rassen gefunden, und Jahrzehnte, bis man aus ihnen neue Herden gezüchtet hätte.

Das Klonen von Vieh deutet nur die Möglichkeiten an, die vor uns liegen. Noch ehrgeiziger sind Experimente, die gegenwärtig vom amerikanischen Landwirtschaftsministerium durchgeführt werden. Dabei versucht man, das Gen des menschlichen Wachstumhormons dauerhaft in die Erbanlage von Schweinen, Schafen und anderen Haustieren einzubauen. Einige Wissenschaftler prophezeien, daß Haustiere in wenigen Jahren doppelt so groß und in der Hälfte der Zeit ausgewachsen sein werden. Die Experten trauen sich zu, mit Hilfe der Gentechnik eine Kuh zu entwickeln, die so groß wie ein kleiner Elefant ist und mehr als 20000 Kilo Milchprodukte jährlich liefert.

Durch die Genübertragung von einer Art auf die andere kann man die charakteristischen Eigenschaften von Haustieren verändern. Solche Veränderungen werden nicht nur die Viehzucht revolutionieren, sondern auch unseren Naturbegriff. Wie gezeigt, werden in unserer Vorstellung mit Einführung der Genübertragung die Artgrenzen aufgehoben. Von einigen Molekularbiologen wird bereits die Auffassung vertreten, das Artenkonzept sei keineswegs unantastbar. Für sie ist die entscheidende Lebenseinheit nicht mehr der Organismus, sondern das Gen. Sie begreifen das Leben zunehmend unter dem Gesichtswinkel der chemischen Verbindungen auf Genebene. Aus dieser reduktionistischen Perspektive ist das Leben nur noch das Abbild der chemischen Substanzen, die es aufbauen, so daß sich keinerlei moralische Probleme bei der Übertragung von einem, fünf oder hundert Genen von einer

Art in die Erbanlage einer anderen ergeben. Diese Wissenschaftler sind der ehrlichen Überzeugung, sie würden nur chemische Substanzen übertragen, die in den Genen kodiert sind, nicht aber die besonderen Eigenschaften eines bestimmten Tiers. Die Gesamtheit des Lebens wird auf seine chemischen Prozesse reduziert und damit der Manipulation zugänglich gemacht.

Von einigen Beobachtern ist zu hören, sie seien nicht besorgt über diese wenigen ersten Experimente, wären es aber, würde man komplexere genetische Züge übertragen. Leider übersehen sie, daß die Artgrenzen in dem Augenblick verwischt werden, da ein menschliches Gen dauerhaft in die Erbanlage einer Maus, eines Schweins oder eines Schafs eingepflanzt wird. Mit diesem ersten Experiment wird der ganze Prozeß legitimiert. Denn wenn, wie die Wissenschaftler behaupten, das Gen des menschlichen Wachstumhormons nicht unantastbar ist, dann können sie das mit dem gleichen Recht von den vielen tausend anderen Genen sagen, die den menschlichen Genpool bilden. Und auch bei den komplexeren (polygenen) menschlichen Erbkodesequenzen, die das Verhalten und die intellektuellen Fähigkeiten beeinflussen, werden die Forscher zweifellos zu dem Schluß kommen, daß sie gleichfalls keine Sonderstellung einnehmen, da sie ebenfalls nur aus chemischen Substanzen zusammengesetzt sind, die in den verantwortlichen Einzelgenen kodiert sind.

Was gibt es dann Besonderes am menschlichen Genpool oder dem Genpool eines anderen Säugetieres? Nichts, wenn man jede Art nur als die Summe der chemischen Substanzen versteht, die durch die einzelnen Gene kodiert sind. Auf diesen völlig neuen Lebensbegriff beruft sich der Vorschlag, die Artgrenzen zu überschreiten, in dem die Unverletzlichkeit klar abgegrenzter und erkennbarer Arten in Frage gestellt ist.

Viele Wissenschaftler wehren sich gegen die Forderung, diese Art von Experimenten abzubrechen, weil sie unseren Wissenshorizont erweitern. Sie verweisen auf das ziemlich abgegriffene Argument, daß ein solcher Forschungsstopp eine Art Zensur bedeuten würde. Das ist Unsinn. Daß etwas machbar ist, kann nicht länger die Auffassung rechtfertigen, daß es auch gemacht werden soll. Es ist töricht zu meinen, jedes wissenschaftliche Experiment lohne die Durchführung. Wenn bestimmte Arten wissenschaftlicher Aktivität den moralischen Grundüberzeugungen unserer Kultur zuwiderlaufen, sind wir vor uns und gegenüber künftigen Generationen verpflichtet, sie abzulehnen. Damit behindern wir weder die Freiheit der Forschung noch den «Fortschritt», sondern wir werden lediglich unserer Verantwortung als Menschen gerecht.

Andere Vertreter dieser Forschungsrichtung bringen vor, in der Entwicklungsgeschichte habe sich über einen langen Zeitraum eine Art aus der anderen entwickelt, und die Genübertragung sei nur eine Beschleunigung des evolutionären Prozesses. Andererseits gibt es für den Zeitraum, seit der Homo sapiens die Erde bevölkert, keine Belege dafür, daß sich je eine Art durch Mutation in eine andere verwandelt hätte. Selbst wenn wir einräumen, daß solche Ereignisse stattgefunden haben mögen, bevor menschliche Augen sie registrieren konnten, wissen wir wenig oder nichts über den Verlauf und die Ursachen solcher Veränderungen. Die neuen Gentechniken erlauben uns, unser eigenes Lebenskonzept in einem unvorstellbar kurzen Zeitraum zu «entwickeln». Sollen aber – so müssen wir uns fragen – die kulturellen Vorurteile und Normen eines bestimmten Augenblicks in der Menschheitsgeschichte über grundlegende Veränderungen in den biologischen Bauplänen von Mensch und Tier entscheiden? Sollen gesellschaftliche Kriterien wie Leistung, Profit, Produktivität und nationale Sicherheit bestimmen, welche Eigenschaften über Artgrenzen hinweg verpflanzt werden? Dies sind weitreichende Fragen, die einer langen und sorgfältigen öffentlichen Aussprache bedürfen, und diese Erörterung muß stattfinden, bevor der Prozeß in die Wege geleitet ist, nicht erst dann, wenn die neue technische Entwicklung längst eingeführt ist.

7 Eine neue Form des Imperialismus

Das Problem der Monokultur und der Einbuße an Genvielfalt hat zu einer neuen internationalen Krise von ungeheuren Ausmaßen geführt. Spielarten von Pflanzen und Tieren, die es einst im Überfluß gab, werden zu gesuchten Kostbarkeiten. Die großen multinationalen Unternehmen durchstöbern die entlegensten Winkel unseres Planeten nach seltenen Pflanzen- und Tierarten, deren genetische Merkmale sich bei der Entwicklung neuer Generationen von Nutzpflanzen, Haustieren, Pharmazeutika und anderen Produkten als nützlich erweisen könnten.

Beim langfristigen Übergang vom Industriezeitalter zum biotechnischen Zeitalter wird das Protoplasma der Welt für das wirtschaftliche Wohlergehen der einzelnen Länder ebenso wichtig werden, wie es die fossilen Brennstoffe und Metalle während der kurzen Blüte der industriellen Epoche waren. Das Protoplasma ist der wichtigste Rohstoff des genetischen Zeitalters, und da die Spielarten der Pflanzen und Tiere in der Natur rasch zur Neige gehen, befinden sich die hochentwickelten Länder und internationalen Gesellschaften in einem erbitterten Wettlauf um die Herrschaft über die kostbaren Vorratslager biologischer Schätze. Im Zuge dieser Anstrengungen kam es bereits zu einer umfangreichen Überführung seltenen Protoplasmas aus Ländern der südlichen Hemisphäre, wo die meisten der noch erhaltenen Spielarten leben, in Länder der nördlichen Erdhalbkugel, wo die gentechnische Revolution stattfindet. Heute werden bereits 92 Prozent des gespeicherten Protoplasmas der Welt in speziell eingerichteten Genbanken von den biotechnischen Schlüsselmächten kontrolliert. Die Industrienationen üben eine neue Form des internationalen Imperialismus aus, diesmal über den Genpool des Planeten. Die Herrschaft über die genetischen Rohstoffe bedeutet die Herrschaft über das genetische Zeitalter.

Staaten der Dritten Welt beginnen sich gegen solche Bestrebungen aufzulehnen, die sie als eine neue und heimtückische Form des Kolonialismus empfinden. In verschiedenen Gremien der Vereinten Nationen haben die Länder der Dritten Welt in den vergangenen zehn Jahren die biotechnischen Mächte angeklagt, sie würden sie ihres nationalen Erbes berauben und damit in eine neue Form der Knechtschaft zwingen. Mit der Kontrolle über die genetischen Ressourcen, die Gentechniken und die globale Vermarktung der gentechnischen Produkte werden die multinationalen Gesellschaften und ihre Gastländer die Staaten der südlichen Hemisphäre im anbrechenden biotechnischen Zeitalter auf eine neue Art so folgenreich ausbeuten, wie sie es während des Industriezeitalters taten, als sie einen Großteil der weltweit vorkommenden und nicht erneuerbaren Ressourcen, die industriellen Techniken und die Vermarktung der petrochemischen Produkte beherrschten.

Mit dem Übergang zum biotechnischen Zeitalter entsteht eine neue Form der Politik. In den kommenden Jahrzehnten werden die Länder der nördlichen und der südlichen Halbkugel einen hartnäckigen und erbitterten Kampf um die Herrschaft über den Genpool des Planeten führen.

8 Die Genlücke

Das Pendant zur Behauptung von der «atomaren Verteidigungslücke»

Die Gentechnik ist das wirksamste Instrument, das wir je zur Herrschaft über die Naturkräfte entwickelt haben. Ist es da verwunderlich, daß sich Regierungen in aller Welt mit den militärischen Möglichkeiten der neuen Technik zu beschäftigen beginnen? 1984 brachte das *Wall Street Journal* eine siebenteilige Serie über ein ehrgeiziges sowjetisches Programm zur Entwicklung einer neuen Generation biologischer Waffen, die es an Vernichtungskraft mit den Kernwaffen aufnehmen sollen.

Auch das amerikanische Militär zeigt sich zunehmend interessiert an der Gentechnik. Laut der National Science Foundation nahmen die Gesamtausgaben des Verteidigungsministeriums für biologische Forschung zwischen 1980 und 1983 um 59 Prozent zu. Das Pentagon behauptet, dieses Interesse sei rein defensiver Natur. Man sei vor allem bemüht, wirksame Impfstoffe zu entwickeln, mit denen sich ein feindlicher Angriff erfolgreich abwehren lasse.

Militärsprecher weisen darauf hin, daß die USA, die Sowjetunion und viele andere Nationen 1972 ein Abkommen über biologische Waffen unterzeichnet haben, welches die Entwicklung und

Lagerung biologischer Waffen zu Angriffszwecken verbietet. Allerdings erlaubt der Vertrag die Entwicklung bestimmter biologischer Wirkstoffe für Verteidigungszwecke, wie es zum Beispiel Impfstoffe sein können.

Unter dem Deckmantel der Impfstoffentwicklung experimentieren die Vereinigten Staaten und die Sowjetunion mit den Erregern der schlimmsten Seuchen, die der Menschheit bekannt sind: von der Diphtherie über die Legionärskrankheit bis hin zum Milzbrand.

Diese tödlichen Virenarten lassen sich leicht mit normalen Bakterien wie E. coli rekombinieren und in Mengen herstellen, die jedes Lebewesen auf der Erde töten könnten. Die rekombinante DNS ließe sich auch im Guerillakrieg anwenden. Nach Meinung der Wissenschaftler könnte man selektiv wirkende Giftstoffe klonen, um bestimmte rassische oder ethnische Gruppen zu vernichten, deren genotypische Ausstattung sie für bestimmte Krankheiten anfällig macht. Mit Hilfe der Gentechnik kann man auch bestimmte Pflanzen- und Tierarten vernichten, so daß sich ganze Volkswirtschaften lahmlegen lassen.

Zwar behaupten die Regierungen beider Supermächte, ihre Bestrebungen seien rein defensiver Natur, doch man ist sich unter Wissenschaftlern darin weitgehend einig, daß auf diesem Gebiet zwischen defensiven und offensiven Forschungsarbeiten nicht unterschieden werden kann. Im November 1983 schrieb der namhafte Biophysiker Robert J. Sinzheimer, Rektor der Universität von Kalifornien in Santa Cruz, im *Bulletin of Atomic Scientists,* daß aufgrund der besonderen Natur dieser Experimente keine saubere Unterscheidung zwischen der friedlichen Nutzung tödlicher Giftstoffe und ihrer militärischen Verwendung möglich sei. Laut Sinzheimer könnten Experimente, wie sie heute vorgenommen werden, auch dazu dienen, biologische Waffen zu entwickeln.

In einer umfassenden Studie zur chemischen und biologischen Kriegführung kommt das Internationale Institut für Friedensforschung in Stockholm (SIPRI) zum gleichen Urteil wie Sinzheimer. Dort heißt es: «Einige verbreitete Formen der Impfstoffherstellung weisen große technische Ähnlichkeit mit der Herstellung von chemischen und biologischen Kampfstoffen auf, so daß eine Produktionsumstellung leicht möglich ist.»

Richard Goldstein, Professor für Mikrobiologie an der Harvard Medical School, charakterisiert die biologischen Experimente, die in letzter Zeit vom Verteidigungsministerium durchgeführt worden sind, wie folgt: Mit dem Hinweis darauf, daß es sich um Verteidigungsanstrengungen handle, kann das Verteidigungsministerium «die Arbeit mit den schlimmsten Krankheitserregern der Welt rechtfertigen – veränderte und noch virulentere Spielarten entwickeln, Impfstoffe zum Schutz der eigenen Truppen gegen solche Erreger entwickeln... und Entsprechendes gilt für die Entwicklung von Verbreitungssystemen, denn das Verteidigungsministerium muß ja auch in der Lage sein, sich gegen alle diese Verbreitungssysteme zu schützen. Unter diesem Deckmantel hat sich das Pentagon am Ende ein neues biologisches Waffensystem verschafft: einen virulenten Organismus, einen Impfstoff dagegen und ein Verbreitungssystem. Daraus ist zu ersehen, daß es – wenn überhaupt – nur eine sehr schmale Grenzlinie zwischen einem solchen defensiven System gibt (wie es das Abkommen erlaubt) und einem verbotenen offensiven System.»

Wir wissen bereits seit einigen Jahren, daß die rekombinante DNS eine leistungsfähige Technik ist, die sich auch in den Dienst der Massenvernichtung stellen läßt. Bereits 1976 hieß es im *Public Interest Report* der Federation of American Scientists:

> *Ohne Zweifel kann diese Technik bei Mißbrauch höchst gefährlich sein. Gene von krankheitserregenden (pathogenen) Organismen oder von Organismen, die hochgiftige Wirkstoffe erzeugen, könnten in Wirtsorganismen eingepflanzt werden, die rascher Verbreitung fähig sind, wodurch sich enorme biologische Gefahren heraufbeschwören lassen... Die Welt muß sich einer biologischen Gefahr stellen, die binnen kurzem der der Kernwaffen gleichkommen könnte.*

Eine neue Form des Wettrüstens zeichnet sich drohend am Horizont ab. Hörbar beginnen die Supermächte von einer «Genlücke» zu raunen, und man ist stark an den Verfolgungswahn erinnert, der in den sechziger Jahren das Schreckgespenst der «Raketenlücke» entstehen ließ. Kundige Beobachter haben wenig Hoffnung, daß man die Genrevolution den Kriegsplanern vorenthalten könnte. Als Massenvernichtungsmittel ist sie mit den Kernwaffen durchaus vergleichbar, verursacht aber nur einen Bruchteil der Kosten. Allein diese beiden Faktoren machen die Gentechnik zum idealen Waffenlieferanten der Zukunft.

Für jeden Fall hat das amerikanische Verteidigungsministerium bereits unmißverständlich erklärt, es werde in der Entwicklung der Gentechnik keinesfalls hinter den Sowjets zurückbleiben. Im Herbst 1984 verlangte und erhielt das Verteidigungsministerium die Bewilligung zum Bau eines neuen Testlabors für biologische Kriegsführung in der Wüste von Utah. Zu der Zeit, als diese Bewilligung eingeholt wurde, erklärte Verteidigungsminister Caspar Weinberger Kongreßmitgliedern, er habe «neue Beweise dafür, daß die Sowjetunion ihr Entwicklungsprogramm für die biologische Kriegsführung nicht nur beibehalten hat, sondern daß sie auch die Möglichkeiten der Gentechnik prüft, um ihr Programm entsprechend zu erweitern». Weinberger erklärte dem Kongreß: «Es ist wichtig und dringlich, daß wir einen angemessenen Schutz gegen diese biologischen und toxischen Kampfstoffe entwickeln.»

Zwar wird das neue Labor in Dugway als defensiv bezeichnet, doch hat das Militär zugegeben, daß man dort mit «beträchtlichen Mengen» der gefährlichsten biologischen Kampfstoffe experimentieren wird. Selbstverständlich wird die Sowjetunion in dieser neuesten Entwicklung eine direkte Bedrohung der eigenen Sicherheit sehen und entsprechend mit einem weiteren Ausbau ihres sogenannten «Verteidigungsprogramms» antworten. So entwickelt sich im Zeichen der Gentechnik ein neues, tödliches Wettrüsten.

In diesem Jahrhundert erreichte die Naturwissenschaft ihren Höhepunkt mit der Spaltung des Atoms und wenig später mit der Spaltung des DNS-Kerns. Die erste Entdeckung führte unmittelbar zum Bau der Atombombe, die die Menschheit zum erstenmal mit der Möglichkeit konfrontierte, daß ihre Zukunft auf der Erde ein Ende finden könnte. Wer will daran zweifeln, daß die andere wissenschaftliche Großtat unserer Zeit bald eine ähnliche Verwendung finden und eine ähnliche Bedrohung für den Bestand unserer Art darstellen wird?

9 Genpolitik

Gefahren einer neuen Eugenik

Jedes gründliche Nachdenken über die Gentechnik kommt an einer Erörterung der Eugenik nicht vorbei. Gentechnik und Eugenik sind untrennbar miteinander verbunden. Wer das eine will, muß sich auch mit dem anderen auseinandersetzen.

Der Begriff Eugenik wurde im 19. Jahrhundert von Sir Francis Galton geprägt und wird im allgemeinen folgender Zweiteilung unterworfen. Die negative Eugenik betrifft die systematische Eliminierung sogenannter biologisch unerwünschter Eigenschaften. Positive Eugenik soll mit Hilfe der Genmanipulation die Merkmale eines Organismus oder einer Art «verbessern».

Als Gesellschaftstheorie fand die Eugenik ihre erste Heimstatt im Amerika der Jahrhundertwende. Die Wiederentdeckung der Mendelschen Gesetze weckte in der wissenschaftlichen Gemeinschaft ein neues Interesse an der Vererbung, welches seinerseits eine Eugenikwelle in der Öffentlichkeit auslöste. Bevor diese Bewegung schließlich in der großen Depression zum Erliegen kam, wurde die gesamte amerikanische Kultur von der Eugeniklehre erfaßt. In der öffentlichen Meinung setzte sich die Überzeugung durch, Blutsbande und Vererbung seien für das individuelle Verhalten und den Status der verschiedenen ethnischen und sozialen Gruppen weit entscheidender als wirtschaftliche, soziale oder kulturelle Faktoren. Viele Amerikaner stellten die Natur über die Kultur, so daß die Eugenik den Weg in die offizielle Politik des Landes fand und für einen historischen Augenblick den amerikanischen Geist verdunkelte.

Bevor diese Eugenikbewegung ausklang, fand sie ihren Niederschlag in der Gesetzgebung. Viele Bundesstaaten beschlossen Sterilisierungsmaßnahmen, und der amerikanische Kongreß verabschiedete in den zwanziger Jahren ein neues Einwanderungsgesetz, das auf der Eugeniklehre beruhte. In den folgenden Jahren wurden Tausende von Amerikanern sterilisiert, damit sie ihre «minderwertigen» Züge nicht weitergeben konnten, und die Bundesregierung verhängte einen Einwanderungsstopp für bestimmte Gruppen, von denen man annahm, sie würden den geltenden eugenischen Maßstäben nicht gerecht.

Die amerikanischen Erfahrungen mit der Eugenik wurden bald durch die Eugenikmaßnahmen des Dritten Reichs weit in den Schatten gestellt. Entschlossen, die Welt von allem zu befreien, was nicht «reinste» arische Rasse verkörperte, leitete Adolf Hitler eine Massenvernichtung von so schrecklichen Ausmaßen ein, daß sie wahrscheinlich auf immer das dunkelste Kapitel der menschlichen Geschichte bleiben wird. Mehr als sechs Millionen Juden und Angehörige anderer religiöser und ethnischer Gruppen wurden in ganz Europa aufgegriffen und in riesigen Konzentrationslagern zusammengefaßt. In der Überzeugung, daß diese Menschen biologisch minderwertig seien, setzten sich die Nationalsozialisten das Ziel, ihre Erbanlagen aus dem menschlichen Genpool auszumerzen. Die Reichsführung nannte das die Endlösung – die systematische Vernichtung eines ganzen Volkes in den Gaskammern der Todeslager.

Gleichzeitig führten die Nationalsozialisten eine ehrgeizige positive Eugenikkampagne durch, in deren Verlauf sorgfältig ausgewählte arische Frauen SS-Offizieren zur Paarung zugeführt wurden. Die schwangeren Frauen wurden in besonderen staatlichen Einrichtungen untergebracht und gepflegt, ihre Kinder wurden dem Dritten Reich als Vertreter der neuen Herrenrasse geschenkt, die die nächsten tausend Jahre über die Welt herrschen sollte.

Nach dem Zweiten Weltkrieg hoffte man, die Ideologie der Eugenik sei auf ewig in den europäischen Massengräbern beerdigt. Die Hoffnung war von kurzer Dauer. Anfang der siebziger Jahre drangen erste Berichte von großen wissenschaftlichen Entdekkungen auf dem neuen Gebiet der Molekularbiologie in die Öffentlichkeit. Mitte der achtziger Jahre ist in diesen Berichten von einer Fülle so erstaunlicher Dinge die Rede, daß die verwirrte Öffentlichkeit die Bedeutung dieser Entdeckungen kaum einzuschätzen vermag. Eines indessen ist ihr rasch bewußt geworden: Unsere Wissenschaftler entwickeln die leistungsfähigsten Instrumente zur Manipulation der biologischen Welt, die je geschaffen wurden. Diese unerhörte Macht über die Lebenskraft des Planeten malt das Schreckgespenst einer neuen Eugenikbewegung an die Wand. Schließlich wird Eugenik definiert als das systematische Bemühen, die Erbanlage eines Organismus oder einer Gruppe von Organismen so zu manipulieren, daß eine «vollkommenere» Art entsteht. Die Wissenschaft liefert uns also Werkzeuge, die bereits an sich eugenisch sind. Das ist die schreckliche Wahrheit, die so wenige Politiker begreifen wollen.

Die neuen gentechnischen Instrumente sind für eugenische Zwecke bestimmt. Immer wenn mit Hilfe rekombinanter DNS, der Zellfusion oder verwandten Gentechniken der Genplan einer Mikrobe, einer Pflanze oder eines Menschen «verbessert» wird, liegen dem Prozeß eugenische Gesichtspunkte zugrunde.

In Laboratorien überall auf der Erde entscheiden Wissenschaftler täglich darüber, welche Gene sie im Erbkode eines Organismus verändern, insertieren oder streichen wollen. Jedesmal wenn eine genetische Entscheidung dieser Art vorgenommen wird, urteilt der Wissenschaftler, das Unternehmen oder der Staat unausgesprochen, wenn nicht sogar explizit, darüber, welches die «guten» Gene sind, die es zu insertieren und zu erhalten gilt, und welches die schlechten Gene, die man verändern oder streichen muß. Genau darum geht es in der Eugenik. Die Gentechnik hat die Aufgabe, die Erbanlage von Lebewesen durch Manipulation ihres genetischen Kodes zu verbessern.

Manchen wird der Gedanke nicht gefallen, daß die Eugenik ein Bestandteil der neuen Gentechnik sein soll. Sie setzen die Eugenik lieber mit den Naziexperimenten vor vierzig Jahren gleich.

Die neue Eugenikbewegung hat jedoch keine Ähnlichkeit mit der Schreckensherrschaft, die im Holocaust ihren Höhepunkt fand. In absehbarer Zukunft werden die Vereinigten Staaten und die Welt keine neue Eugenikbewegung erleben. Wir werden vielmehr eine ganz neue Art von Eugenik entstehen sehen; eine Bewegung ohne böse Drahtzieher, ohne faustische Figuren, ohne machiavellistische Institutionen, die man als Anstifter und Übeltäter haftbar machen kann. Die neue Eugenik ist wirtschaftlicher Natur, nicht gesellschaftlicher. Böse an ihr ist, wenn überhaupt, nur der menschliche Wunsch nach einem besseren Leben, einer schöneren, hoffnungsvolleren Zukunft für die künftigen Generationen.

Ist es falsch, wenn man gesündere Babies möchte? Ist es falsch, wenn man ertragreichere Pflanzen und Tiere und leistungsfähigere Energiequellen wünscht? Die Gentechnik präsentiert sich uns nicht als finstere Verschwörung, sondern als eine Hoffnung für unsere Gesellschaft und Wirtschaft. Doch wir dürfen nicht die guten Absichten der Begründer dieser Wissenschaft mit der Logik ihrer Technik verwechseln. Man mag es drehen und wenden, wie man will, Tatsache bleibt, daß jede Entscheidung, die Erbanlage eines Organismus oder einer Art zu verändern, eine eugenische Entscheidung ist.

In den kommenden Jahrzehnten und Jahrhunderten werden die Wissenschaftler die Funktionsweise der Gene noch genauer kennenlernen. Sie werden eine größere Zahl individueller Eigenschaften auf der Genkarte lokalisieren können und immer besser in der Lage sein, die Gene ein- und auszuschalten. Sie werden sich in der Genrekombination und in der Veränderung von Genkodes vervollkommnen. An jedem Punkt dieser Wegstrecke wird ganz bewußt zu entscheiden sein, welche dauerhaften Veränderungen in den biologischen Kodes des Lebens wünschenswert sind und welche nicht. Eine Gesellschaft und Kultur, die die technische «Manipulation» des irdischen Genpools betreibt, kann nicht hoffen, von eugenischen Entscheidungen verschont zu bleiben, die den Fortschritt der neuen Technik begleiten.

Der soziale Anpassungsdruck an die Logik der Gentechnik wird enorm sein, zumal wenn es um die Anwendung im menschlichen Bereich geht. Jedes künftige Elternpaar wird entscheiden müssen, ob es sein Glück mit der traditionellen genetischen Lotterie versuchen oder ob es dem werdenden Kind bestimmte Eigenschaften ein- oder ausprogrammieren will. Wenn die Eltern es vorziehen, sich traditionell zu verhalten, und den genetischen Zufall über das biologische Geschick ihres Kindes entscheiden lassen, könnten sie große Probleme bekommen, sollte sich aus genetischer Sicht eine verhängnisvolle Fehlentwicklung ergeben: eine Entwicklung, die sie hätten vermeiden können, wenn sie sich zu einer genetischen Korrektur ihres Kindes im Embryonalstadium entschlossen hätten.

Nehmen wir folgende Situation. Ein Elternpaar entscheidet sich, den Fötus nicht programmieren zu lassen. Das Kind wird mit einer tödlichen Erbkrankheit geboren und stirbt frühzeitig. Die Erbanlage, die für die Krankheit verantwortlich ist, hätte aus der befruchteten Eizelle durch einen einfachen genchirurgischen Eingriff entfernt werden können. Im Genzeitalter wird es vielleicht eines Tages als verabscheuenswürdiges Verbrechen gelten, wenn Eltern eine solche gentechnische Korrektur des Embryos ablehnen. Die Gesellschaft wird sicherlich zu dem Schluß gelangen, jedes Elternpaar müsse seinem Kind eine Umwelt zur Verfügung stellen, die so gesundheitsfördernd und sicher ist, wie nach menschlichem Ermessen möglich scheint. Eltern, die sich anders entscheiden, wird man Pflichtvergessenheit vorwerfen und sie moralisch, wenn nicht sogar juristisch verurteilen.

Mit der Einführung vieler neuer menschlicher Reproduktionstechniken wird die Entscheidung noch problematischer. In den kommenden Jahrzehnten werden die Molekularbiologen Hunderte von monogenen Krankheiten auf der Genkarte lokalisieren, so daß sie den werdenden Eltern eine vollständige und genaue Liste der speziellen Erbmängel liefern können, die sie wahrscheinlich an ihre Kinder weitergeben werden. In der Vergangenheit bot die Erbgeschichte eines Elternteils allenfalls Anhaltspunkte für Spekulationen, aber es gab keine Gewißheit, ob bestimmte Erbanlagen weitergegeben würden. In Zukunft wird man immer weniger auf Spekulationen angewiesen sein, woraus für die werdenden Eltern ein moralisches Dilemma erwächst. Den Eltern werden immer genauere Pläne ihrer genetischen Mitgift zur Verfügung stehen, so daß sich die statistische Wahrscheinlichkeit bestimmen läßt, mit der sie bei ihrer biologischen Vereinigung bestimmte Erbkrankheiten auf ihre Kinder übertragen.

Hier müssen sich die Eltern kritisch prüfen. Wollen sie sich auf die eigenen Ei- und Samenzellen verlassen und in Kauf nehmen, daß ihre Kinder möglicherweise «unerwünschte» Eigenschaften erben, oder sollen sie sich Spender für Ei- oder Samenzellen suchen, eine Befruchtung im Reagenzglas vornehmen, einen Embryo einpflanzen lassen oder sich anderer neuer Fortpflanzungstechniken bedienen, die im Entstehen begriffen sind.

Wenn aus moralischen Erwägungen vorgebracht wird, diese künstlichen Fortpflanzungsmethoden würden bestenfalls einen begrenzten Markt finden, so übersehen solche Argumente die wirtschaftliche Eigengesetzlichkeit, mit der sich neue Technologien ihre Märkte schaffen und ausbauen. Man wird Ehepaare, die in ihrer Erbanlage signifikante Risikofaktoren aufweisen und deshalb nachteilige Eigenschaften an ihre Kinder weitergeben könnten, warnend darauf hinweisen, daß sie besser daran täten, einwandfreie Samenzellen oder gesündere Eizellen zu kaufen, statt sich auf die eigene biologische Mitgift zu verlassen.

Die neuen menschlichen Fortpflanzungstechniken werden wahrscheinlich ebenso aggressiv vermarktet werden wie in den letzten beiden Jahrzehnten die Produkte für Babies. Nur ein kleiner Prozentsatz der Frauen war tatsächlich auf die künstliche Säuglingsmilch angewiesen. Doch die multinationalen Unternehmen brachten Millionen Frauen in aller Welt dazu, vom natürlichen Stillen auf die künstliche Ernährung umzusteigen, indem sie behaupteten, der synthetische Ersatz sei sauberer, gesünder, wissenschaftlicher und fortschrittlicher. Man darf davon ausgehen, daß die Unternehmen ähnliche Anstrengungen unternehmen werden, die neuen menschlichen Fortpflanzungsmethoden zu vermarkten.

Die Fürsprecher einer Anwendung der Humangentechnik vertreten die Auffassung, es wäre unverantwortlich, würde man die Möglichkeit ungenutzt lassen, tödliche, zu schweren körperlichen und geistigen Behinderungen führende oder entstellende Krankheiten abzuwenden. Offensichtlich übersehen sie dabei, daß sich allein die monogenen Krankheiten auf fast zweitausend belaufen. Sollen sie im Laufe der kommenden Jahrhunderte alle aus dem Erbkode unserer Art eliminiert werden? Ist es sinnvoll, den menschlichen Genpool in ähnlicher Weise zur Monokultur zu machen, wie wir es mit den Nutzpflanzen und Haustieren getan haben, und die rezessiven Merkmale zu eliminieren, die unsere Art vielleicht eines Tages brauchen wird, um sich veränderten Umweltbedingungen anzupassen?

Wenn wir den Prozeß menschlicher Genmanipulation erst einmal in Gang gesetzt haben, gibt es keinen logischen Ansatzpunkt mehr, ihn zu stoppen. Wenn sich Diabetes, Sichelzellenanämie und Krebs durch Veränderung der Erbanlage eines Menschen heilen lassen, warum nicht auch andere «Leiden» wie Kurzsichtigkeit, Farbenblindheit und Linkshändigkeit? Und was sollte eine Gesellschaft an der Entscheidung hindern, daß auch eine bestimmte Hautfarbe ein Leiden ist? Welche Veränderung des genetischen Kodes sollte uns verwehrt sein, falls sie dem Wohl des einzelnen oder der Art dienlich sein könnte? Man kann sich kaum vorstellen, daß die Gesellschaft eine Genmodifikation ablehnen würde, welche die Fähigkeiten der Menschheit in irgendeiner Weise zu verbessern verspricht.

Der Geningenieur, der sich mit der menschlichen Spezies befaßt, verhält sich dabei ganz ähnlich wie der Ingenieur, der für eine Maschine verantwortlich ist. Er sucht ständig nach neuen Möglichkeiten, um die Leistung seiner Maschine zu verbessern. Sobald ein Mangel beseitigt ist, wendet sich der Ingenieur dem nächsten zu, immer von dem Wunsch beseelt, eine vollkommene Maschine zu bauen. Die Technik ist ein Prozeß, in dem die Leistung einer Maschine ständig verbessert wird, und die Vorstellung, willkürlich festzulegen, welches Maß an «Verbesserung» akzeptabel ist, läßt sich mit diesem Technikbegriff nicht vereinbaren.

Sobald man bereit ist, von genetischen Mängeln zu reden, läßt sich die Diskussion nicht auf ein, zwei oder auch ein Dutzend sogenannter Störungen begrenzen, weil der Begriff des Mangels eine stillschweigende Voraussetzung einschließt. Der Moralist Daniel Callahan trifft den Kern des Problems, wenn er feststellt: «Hinter der Abscheu der Menschen vor genetischen Mängeln lauert... die Vorstellung des vollkommenen Menschen. Schon die Rede vom ‹Mangel›, von der ‹Abnormität›, der ‹Krankheit› und dem ‹Risiko› setzt eine solche Vorstellung voraus, eine Art Prototyp der Vollkommenheit.»

Die Frage lautet also, ob die Menschheit mit der technischen

Entwicklung künftiger Generationen im Labor beginnen soll oder nicht. Welchen Preis zahlen wir, wenn wir uns für den Weg entscheiden, an dessen Ende uns die «Vervollkommnung» der menschlichen Art erwartet? Wie wichtig ist es, alle Unvollkommenheiten, alle Mängel zu beseitigen? Welchen Preis sind wir bereit zu zahlen, um unser Leben zu verlängern, um unsere Gesundheit zu sichern, um uns von den Unbequemlichkeiten, den lästigen Begleiterscheinungen, den Gebrechen und dem Leiden zu befreien, die so untrennbar zur menschlichen Erfahrung gehören? Sind wir so besessen von dem Gedanken an unsere physische Dauer, daß wir dafür sogar bereit sind, die Menschheit am Reißbrett neu zu planen?

Die Genmanipulation des Menschen gibt uns etwas und nimmt uns etwas. Einerseits sichern wir unser körperliches Wohlergehen, andererseits müssen wir uns mit den Gedanken abfinden, daß die Menschheit zu einem technisch geplanten Produkt wird. Die Gentechnik stellt uns vor die grundlegendste Frage überhaupt: Sollen wir unsere Gesundheit mit der Aufgabe dessen erkaufen, was uns als Menschen ausmacht?

Seit Anbeginn der Geschichte haben stets einige Menschen über die Zukunft anderer Menschen bestimmt. Die Politik des biotechnischen Zeitalters bildet da keine Ausnahme. Jede neue biotechnische Entdeckung wird sich auf die Macht auswirken, welche die einen über die anderen haben. Die politische Macht des Wissens um die Gentechnik wird im kommenden Zeitalter erschreckende Fragen aufwerfen. Wem sollen wir beispielsweise die Entscheidung anvertrauen, welches ein gutes Gen ist und dem Genpool zugeschlagen und welches ein schlechtes Gen ist und aus ihm entfernt werden soll? Sollen wir der Regierung trauen? Den Unternehmen? Den Wissenschaftlern an den Universitäten? Einem paritätisch besetzten Gremium? Wohl kaum einer von uns wäre in der Lage, eine Institution oder Gruppe zu nennen, die er mit einer Entscheidung von solcher Tragweite betrauen wollte. Doch wenn wir statt dessen gefragt würden, ob wir biotechnische Produkte gutheißen würden, die neue Nahrungs- und Energiequellen erschließen sowie das körperliche und geistige Wohlbefinden der Menschen erhöhen könnten, würden wir mit unserer Zustimmung sicherlich nicht lange zögern. Jedes biotechnische Produkt setzt indessen voraus, daß jemand entschieden hat, welche Gene im Herstellungsprozeß berücksichtigt werden sollen. Wie können Menschen einerseits dagegen sein, jemanden mit der Entscheidung über die Gentechnik zu betrauen, und sich gleichzeitig für die Entwicklung dieser Technik aussprechen?

Die Antwort liegt in der Natur der Frage. Der erste Teil der Frage hat mit der «Macht im luftleeren Raum» zu tun. Niemand ist bereit, jemand anderem blindlings die Macht über die eigene Zukunft anzuvertrauen – vor allem wenn sie die Manipulation des Lebens selbst betrifft. Doch im zweiten Teil der Frage geht es darum, die Macht gegen materielle Sicherheit einzutauschen. Fast jeder ist bereit, einen Teil seiner Macht preiszugeben, wenn man ihm dafür ein gewisses Maß an materieller Sicherheit garantiert. Macht gegen Sicherheit einzutauschen ist das Wesen der Politik.

Soweit es die Politik des biotechnischen Zeitalters betrifft, hat die große Mehrheit ihre Absichten bereits bekundet. Man hat eine Art ungeschriebenen Vertrag geschlossen, und zwar ohne die Kämpfe und die Verhandlungen, die solche Machtregelungen gewöhnlich begleiten. Die Macht, über die künftige biologische Gestalt lebenden Gewebes zu entscheiden, ist den Wissenschaftlern, Wirtschaftsunternehmen und dem Staat ohne jede Diskussion übertragen worden. Als Gegenleistung verlangt man lediglich nützliche Produkte, die dem menschlichen Überleben und dem allgemeinen Wohlergehen förderlich sind.

Auf den ersten Blick scheint das kein schlechtes Geschäft zu sein. Die Biotechnik hat viel zu bieten. Doch wie bei anderen gesellschaftlichen Organisationsformen ist die Schlußrechnung noch nicht aufgemacht. Im Vergleich zu den möglichen Gewinnen scheint es kaum ins Gewicht zu fallen, einer bestimmten Institution oder Gruppe die Entscheidung über die technische Gestaltung einer Nutzpflanze, eines Tieres oder eines menschlichen Hormons zu übertragen. Nur wenn man die Dauer dieses Vertrags berücksichtigt, wird die ganze Tragweite der Politik im biotechnischen Zeitalter deutlich.

Macht heißt, über die Zukunft zu bestimmen. Im Laufe ihrer Geschichte hat die Menschheit ihre Macht ständig erweitert, indem sie ihre Herrschaft auf immer weitere zeitliche Horizonte ausgedehnt hat. Im Laufe der nächsten Jahrhunderte wird die höchste Machtvollkommenheit in unsere Reichweite kommen: die Fähigkeit, über die Zukunft aller Lebewesen durch Programmierung ihres gesamten Lebensprozesses zu bestimmen und sie damit zu Gefangenen ihres technisch manipulierten Genplans zu machen. Die Biotechnik gibt uns die Macht des Schöpfers. Die Vorstellung, den gesamten Lebenszyklus eines Organismus dadurch festlegen zu können, daß man seinen Organisationsplan bei der Empfängnis manipuliert, ist wahrhaft furchteinflößend.

In den heutigen Anfangsstadien des biotechnischen Zeitalters scheint eine solche Macht, so schrecklich sie auch wäre, noch so fern zu liegen, daß sie nicht als konkrete Gefahr für die menschliche Physiologie empfunden wird. Wir sind nur allzu bereit, den Rest der lebendigen Welt unter das genchirurgische Skalpell zu geben, solange uns daraus ein materieller Nutzen erwächst. Wir sind sogar bereit, Teile unserer Anatomie der Biotechnik preiszugeben, wenn es unserer körperlichen und geistigen Gesundheit zugute kommt. Das Problem ist nur, daß die Biotechnik zwar einen Anfang, aber kein Ende hat. Zelle um Zelle, Gewebe um Gewebe, Organ um Organ geben wir unsere Körper preis, wie wir unsere politische Macht preisgeben: Stück um Stück. In diesem Prozeß wird jeder Verlust durch einen erkennbaren Gewinn aufgewogen, bis wir nichts mehr haben, was wir eintauschen können. Und an diesem Punkt wird der tatsächliche Preis unseres Abkommens sichtbar. Doch genau an diesem Punkt besitzen wir auch nicht mehr die Sache, um deren Erhaltung es uns vor allem ging: unsere Sicherheit. In den kommenden Jahrzehnten und Jahrhunderten werden wir uns Stück um Stück für ein gewisses Maß an vorübergehendem Wohlergehen fortgeben. Am Ende wird die Sicherheit, die wir um jeden Preis erhalten wollten, für immer verschwunden sein. Dank der Biotechnik werden wir uns endlich von der schweren Last befreien, welche die Menschheit seit ihren Anfängen drückt, der ständigen Notwendigkeit, unsere Zukunft zu antizipieren und zu sichern. Wir brauchen uns nicht mehr um unsere Sicherheit zu sorgen, weil sich unser Schicksal unserer Bestimmung gänzlich entzogen hat. Unsere Zukunft wird von der Empfängnis an festgelegt sein. Sie wird in unseren biologischen Plan einprogrammiert sein.

Schon folgt den atemberaubenden Fortschritten in der Gentechnik eine neue Soziologie auf dem Fuße, eine, die auf die politischen Bedürfnisse einer biotechnisch bestimmten Gesellschaft zugeschnitten ist. Die Soziobiologie ist im akademischen Umfeld der Harvard University und anderer Eliteuniversitäten entstanden und zur soziologischen Vorhut des genetischen Zeitalters geworden. In der jahrhundertealten Auseinandersetzung zwischen Natur und Kultur schlagen sich die Soziobiologen dabei auf die Seite des Naturgedankens, wenn sie die Auffassung vertreten, das menschliche Verhalten sei weit mehr vom Erbgut bestimmt. Zwar räumen auch die Soziobiologen ein, daß sich die Umwelt auf die Entwicklung des einzelnen und der Gruppe auswirken kann, für erheblich wichtiger halten sie aber die Rolle, welche die Gene für die Sozialisation des Menschen spielen. Die neue soziobiologische Interpretation menschlichen Verhaltens dürfte in den kommenden Jahrzehnten spürbar an Bedeutung gewinnen.

Hier ist daran zu erinnern, daß die Sozialwissenschaftler den größten Teil dieses Jahrhunderts die Auffassung vertraten, nur durch gezielte Veränderung der Umwelt ließen sich die Übel der Gesellschaftsordnung beseitigen und das irdische Paradies der Gerechtigkeit und des Wohlergehens gewinnen. Lange Zeit hat die orthodoxe politische Philosophie der Kultur den Vorrang gegenüber der Natur eingeräumt. Von immer schwereren sozialen Krisen geschüttelt, scheinen die Industrienationen nicht mehr in der Lage zu sein, grundlegende Veränderungen durch die traditionellen Mittel der institutionellen und gesellschaftlichen Reformen herbeizuführen. Soziobiologen und andere Leute ihres Schlages behaupten nun, der Versuch, an unserem Wirtschafts- und Gesellschaftssystem herumzudoktern, sei im besten Falle ein bloßes Linderungsmittel, im schlimmsten völlig nutzlos. Der Schlüssel zu allem gesellschaftlichen und wirtschaftlichen Verhalten sei, so behaupten sie, auf der Ebene der Gene zu suchen. Um die Gesellschaft zu verändern, müsse man zuerst bereit sein, die Gene zu verändern, denn schließlich seien sie für individuelles wie kollektives Verhalten verantwortlich.

Sir Julian Huxley artikulierte die Überzeugung einer wachsenden Zahl von Biologen und Sozialwissenschaftlern, als er schrieb:

Wenn wir irgendwelche größeren Fortschritte in nationaler und internationaler Leistungsfähigkeit erzielen wollen, genügt es sicherlich nicht, an sozialen und politischen Symptomen herumzudoktern, die weltpolitische Maschinerie zu flicken, wenn es nötig ist, auch nicht das Bildungssystem zu verbessern, sondern wir müssen immer stärker dazu übergehen, das genetische Niveau der geistigen und praktischen Fähigkeiten des Menschen zu heben.

Wie Huxley sind viele Wissenschaftler zu der Überzeugung gelangt, das Problem sei nicht, wie der Mensch von den Institutionen geprägt wird, sondern wie er von Natur aus vorgeformt ist.

Wenn sich die Menschheit im Laufe der kommenden Generationen immer stärker von den vielen Manipulationsmöglichkeiten des Gens faszinieren läßt, wird die Biotechnik höchstwahrscheinlich mit einer neuen Soziologie und einer neuen Politik begründet werden, die sich mit der Schrankenlosigkeit der genetischen Manipulation des Menschen vertragen.

Jeder Versuch, die Grundstruktur des menschlichen Genpools zu verändern, wird das Schreckgespenst eines biologischen Kastensystems in der genkontrollierten Gesellschaft sehr real und sehr bedrohlich an die Wand malen. Alle Gesellschaften sind in die Besitzenden und Besitzlosen, die Mächtigen und die Machtlosen, die Elite und die Masse unterteilt gewesen. Stets sind die Menschen in Kasten oder Klassen eingeteilt worden, mit unzähligen Begründungen, um die Ungerechtigkeit des Klassensystems und der Ausbeutung zu rechtfertigen. Rassen-, Religions-, Sprach- und Nationalitätsunterschiede sind bewährte Hebel zur Abgrenzung und Unterdrückung. Dank der Gentechnik wird die Gesellschaft über eine neue und quasi vorverlagerte Form des Rassismus verfügen. Das neue Vorurteil wird sich auf den Genotyp beziehen.

In den kommenden Jahrzehnten und Jahrhunderten wird man die Menschen zunehmend nach ihrer Erbanlage klassifizieren. Familien, die es sich leisten können, ihren Föten bei der Empfängnis überlegene Eigenschaften einprogrammieren zu lassen, verschaffen ihren Kindern einen biologischen und damit auch einen gesellschaftlichen Vorteil. Der wirtschaftliche Status eines Menschen wird zunehmend durch seine Erbanlage bestimmt werden. Wahrscheinlich wird über die individuellen Genotypen mehr und mehr über die beruflichen Möglichkeiten entschieden werden, wenn die Gesellschaft ihre Politik allmählich nach genetischen Richtlinien umgestaltet. Dieser Prozeß hat bereits begonnen. In den letzten zehn Jahren sind viele Arbeiter in der chemischen Industrie nach genetischen Kriterien ausgewählt worden. Ein Kenner der Szene dazu: «Die Anpassung des Genotyps an den Beruf wird eines Tages eine Selbstverständlichkeit sein.» In der genetisch hierarchisierten Gesellschaft der Zukunft wird die politische Macht wahrscheinlich in der Spitze eines biologistischen Kastensystems konzentriert sein.

Die Unterscheidung der Menschen nach ihrer genetischen Ausstattung bedeutet eine tiefgreifende Veränderung in der Ausübung politischer Macht. In einer Gesellschaft, in der der einzelne vor oder bei der Empfängnis durch den Eingriff in den Genplan manipuliert und festgelegt werden kann, wird die politische Macht weiter monopolisiert und die menschliche Freiheit immer weniger greifbar.

Der Harvardprofessor und Begründer der Soziobiologie E. O. Wilson entwirft in beredten Worten das Bild einer neuen Ordnung, in der die Menschheit sich selbst plant, damit sie in der Lage ist, die Welt umzugestalten. Im Schlußabsatz seines mit dem Pulitzer-Preis ausgezeichneten Buches *On Nature* ruft Wilson die Menschheit auf, sich zum Architekten ihrer eigenen Art aufzuschwingen.

> *Im Laufe der Zeit wird man die Kenntnisse über die genetischen Grundlagen des sozialen Verhaltens erheblich erweitern, gleichzeitig wird man Techniken entwickeln, um Genkomplexe mittels molekularer Prozesse zu verändern und die Selektion durch Klonen zu beschleunigen… Die Menschheit kann ihre Natur verändern. Wofür wird sie sich entscheiden? Wird sie gar nichts ändern, sich weiterhin auf der notdürftigen Grundlage einer großenteils überholten Anpassung an eiszeitliche Verhältnisse bewegen? Oder wird sie nach einer noch größeren Intelligenz und Kreativität streben, in Verbindung mit einer gesteigerten – oder verminderten – Fähigkeit zur emotionalen Reaktion? Stückweise könnten neue soziale Verhaltensmuster eingebaut werden. Man könnte die nahezu perfekte Kernfamilie des Weißhandgibbons oder die harmonische Schwesternschaft der Honigbiene genetisch nachahmen.*

Unserer Generation fällt es schwer, sich eine Gesellschaft auch nur vorzustellen, in der politische Entscheidungen im Geiste eines genetischen Determinismus getroffen werden. Schließlich sind wir in der Überzeugung erzogen worden, daß jeder Mensch bei seiner Geburt mehr oder weniger ein unbeschriebenes Blatt ist, daß Denken und Bewußtsein erst durch die ständige Interaktion mit der Umwelt geprägt werden. Die Generationen unserer Kinder und Kindeskinder werden in einer gänzlich anderen Welt aufwachsen. Ihnen wird der Gedanke einer Manipulation des Lebens auf genetischer Ebene sehr viel weniger widerstreben. Sie werden in ein biotechnisches Netz eingesponnen sein, welches unter dem Material des Lebens den Rohstoff unserer wirtschaftlichen und gesellschaftlichen Existenz versteht. Künftige Generationen werden geprägt sein von der Psychologie der Programmierung und Manipulation des menschlichen Erbplans. Ist ernsthaft zu bezweifeln, daß die politische Philosophie nachfolgender Generationen immer stärker zum Spiegelbild ihrer technischen Fähigkeiten werden wird?

Wohl nur sehr wenige Menschen finden uneingeschränkten Gefallen an dem Gedanken, daß solche Werkzeuge zur Umgestaltung des Lebens in unsere Reichweite gerückt sind. Vielleicht rührt daher unser Unbehagen an der Erörterung der Eugenik. Bei aller Euphorie, die durch die Aussicht auf die technische Umgestaltung der Lebensgrundlagen erzeugt wird, bleibt uns der drohende Schatten der Eugenik am fernen Horizont nicht verborgen. Trotzdem fällt es uns überaus schwer, uns gegen eine technische Revolution zu entscheiden, die eine solch eindrucksvolle Fülle von Vorteilen verspricht.

So finden wir uns bei den ersten vorsichtigen Schritten an der Schwelle des biologischen Zeitalters in ein Dilemma verstrickt. Einen Teil von uns, einen archaischen Teil, schaudert es bei der Aussicht, das Leben noch weiter zu entheiligen, uns und alle fühlenden Geschöpfe zu chemischen Kodes zu reduzieren, um sie zu rein instrumentellen Zwecken und aus utilitaristischen Motiven zu manipulieren. Unser anderer Teil, der Teil, der ganz in der modernen Zeit verwurzelt ist, ist eifrig bestrebt, die Biologie unseres Planeten mit dem elementarsten der neuen Werte, der Leistung, in Einklang zu bringen. Nachdrücklich meldet sich unsere Modernität zu Wort, wenn wir das Undenkbare denken – die Frage, ob wir das Leben des Planeten so umgestalten sollen, daß es unserem Wunsch nach immer höherer Leistung entspricht. Es ist der modernere Teil unseres Ichs, der im philosophischen Gewand der Aufklärung unsere Absichten gutheißt und alle Befürchtungen zerstreut, die uns möglicherweise an der Richtigkeit des eingeschlagenen Kurses zweifeln lassen.

Die Architekten der Moderne mahnen uns, die große Aufgabe anzugehen. Die Worte Francis Bacons sind stärker als alle Vorbehalte und erinnern uns daran, daß das wichtigste Ziel der Erkenntnis die Erweiterung unserer Macht über die Naturkräfte ist. Die Revolution nicht fortzusetzen, sei undenkbar, weil es gegen die innerste Natur des menschlichen Geistes ginge, eine Natur, die in ihrem Streben nach immer größerer Macht und Herrschaft über die Lebenskräfte des Planeten keine Schranken anerkennt.

Könnte es das menschliche Bewußtsein ertragen, sich dem höchsten geistigen Abenteuer zu verschließen und darauf zu verzichten, über die Entwürfe des Lebens zu bestimmen? Sicherlich nicht. Und wie steht es mit der Behauptung, daß eine solche Manipulation alles Leben reinen Nützlichkeitserwägungen unterwirft? In den Schriften des großen Gesellschaftstheoretikers John Locke finden wir ein Gegenmittel für unser schlechtes Gewissen. Danach sind solche Skrupel kaum oder gar nicht ernst zu nehmen. Für Utilitarismus muß man sich nicht entschuldigen, man muß sich ihm vielmehr vorbehaltlos verschreiben. Der Mensch ist von Natur aus auf Erwerb und Nützlichkeitsstreben angelegt. Wenn wir die Natur negieren, sie unterwerfen und nutzbar machen, sie nach unserer Vorstellung umgestalten, sie nach unseren Zwecken ausrichten, dann erfüllen wir unser Schicksal. Die Gentechnik stellt die höchste Form der Verneinung der Natur dar. Sie ist der letzte Beweis für einen Verdacht, den wir schon lange hegen: daß die gesamte Natur, die ganze belebte und unbelebte Natur nur dazu da ist, um unseren Zwecken zu nützen. Die gentechnische Manipulation des Lebens ablehnen hieße demnach, die Menschheit um ihr rechtmäßiges Erbe zu bringen, um ihren Anspruch nämlich, über die Schöpfung zu herrschen.

Ist es aber nicht unnatürlich, so tiefgreifend in die Biologie des Planeten einzugreifen? Keineswegs, wenn wir uns nur einen Augenblick die natürliche Ordnung der Dinge vergegenwärtigen. Ist nicht die Natur selbst ständig im Fluß und im Wechsel? Hat Darwin uns nicht gelehrt, daß sich die Arten durch ständige Rekombinationen und Mutationen in neue Arten verwandeln? Sind nicht Anpassung und Utilitarismus die Mechanismen, die für ständige Verbesserung in der Natur sorgen? So gesehen ist die Gentechnik kaum mehr als eine Erweiterung und Beschleunigung der natürlichen evolutionären Entwicklung.

Aber vergehen wir uns nicht gegen die Einzigartigkeit des Lebens, wenn wir seinen Sinn auf die Information reduzieren, die in der Nukleinsäure kodiert ist? Nicht wirklich. Denn lange schon leben wir mit Descartes' Bild eines mechanistischen Universums, das sich mit den Begriffen der mathematischen Logik restlos begreifen läßt. Unser Verständnis hat sich nur insofern gewandelt, als wir das Leben nicht mehr als ein Gebilde aus mechanischen Teilchen betrachten, sondern aus Informationsflüssen und Computerprogrammen. Doch nach wie vor sind wir davon überzeugt, daß sich der Weg zur Wahrheit unseres Daseins quantifizieren läßt. Deshalb bietet sich die Gentechnik als ideale Methode an, um die Geheimnisse des Lebens zu enthüllen.

Die gentechnische Revolution war schon lange legitimiert, bevor die politischen Institutionen ihre Zustimmung gaben. Dieses neueste technische Abenteuer hat seinen Segen *de facto* schon erhalten. Ihre schnelle Aufnahme ist nicht schwer zu verstehen. Wir haben die Gentechnik als Teil unseres Lebens akzeptiert, weil ihre Logik, ihre Ziele und ihre Methode hervorragend in das Weltbild passen, dem wir uns verpflichtet haben.

Wir verfügen jetzt über eine Technik, welche die Vision der Aufklärung zu vollenden verspricht. Ihre Vertreter bezweifelten die mittelalterliche Auffassung, daß wir es mit «der besten aller Welten» zu tun hätten. Ihnen war die Vorstellung lieber, daß «alle Welten möglich sind». Der französische Aristokrat Marquis de Condorcet riß sein Zeitalter zu leidenschaftlicher Begeisterung hin, als er zuversichtlich verkündete:

> *Keine Grenzen sind der Verbesserung des menschlichen Vermögens gesetzt... die Vervollkommnungsfähigkeit des Menschen ist absolut unbegrenzt... der Fortschritt dieser*

Vervollkommnungsfähigkeit, fortan der Kontrolle jeder Macht entzogen, die sie einschränken könnte, kennt keine andere Grenze als die Lebensdauer der Himmelskugel, auf die die Natur uns gestellt hat.

Leistung, Fortschritt und Vervollkommnungsfähigkeit – das sind die Parolen des genetischen Zeitalters. Der Druck, diese Maßstäbe in die Genkarten des Planeten einzutragen, wird überwältigend sein. Wer die Vervollkommnung der Leistungsfähigkeit biologischer Systeme ablehnt, wird in den kommenden Jahrzehnten und Jahrhunderten wahrscheinlich das Stigma des Ketzers tragen und sich der schwersten Sünde schuldig machen.

Wer würde es wagen, sich der Herstellung neuer «Superpflanzen und -tiere» zu widersetzen, die eine hungrige Welt ernähren können? Wer würde es wagen, die Herstellung neuer Formen biologischer Energie zu verurteilen, die die zur Neige gehende Reserve fossiler Stoffe ersetzen können? Wer würde es wagen, gegen die Einführung neuer Mikroben zu protestieren, die Giftmüll und andere Formen der Umweltverschmutzung regelrecht auffressen können? Wer würde es wagen, sich gegen eine Genchirurgie zu wenden, die schwerste Leiden beheben kann?

Die kurzfristigen Vorteile des sich abzeichnenden biotechnischen Zeitalters erscheinen so eindrucksvoll, daß jeder Einwand gegen die universelle Anwendung der entsprechenden Techniken wahrscheinlich auf Ungläubigkeit oder gar offene Feindseligkeit stoßen wird.

Wie kann jemand, der bei klarem Verstand ist, eine Technik ablehnen, von der man sich soviel für die Verbesserung des menschlichen Loses erhoffen kann? Leistungssteigerung, Fortschritt und Vervollkommnung abzulehnen, wird im genetischen Zeitalter wahrscheinlich für unmoralisch, unverantwortlich und unverzeihlich gehalten werden.

Ist die genetische Revolution bereits als *fait accompli* anzusehen? Bleibt uns keine andere Wahl, als uns an ihre Kernthesen zu gewöhnen und mit ihnen leben zu lernen? Müssen wir uns als die passiven Opfer dieses tiefgreifenden technischen Wandels verstehen? Gibt es keine vernünftige Alternative, keinen anderen Weg in die Zukunft, der uns das Genetikzeitalter erspart? Sind wir tatsächlich festgelegt durch eine Art historischen Determinismus, dazu bestimmt, einerseits die Architekten der Schöpfung und anderseits die Leidtragenden unseres eigenen architektonischen Entwurfs zu werden?

Ist die genetische Revolution die nächste unvermeidliche Stufe eines universellen Entwicklungsprozesses oder ein Produkt unserer Eingebungen und Launen? Wieviel Mitspracherecht haben wir tatsächlich, wenn es um die Entscheidung über unsere Zukunft und die Zukunft des Lebens auf diesem Planeten geht?

Teil III

Erklärung eines Ketzers

1831 entdeckten abendländische Wissenschaftler das Chloroform. Jahrhunderte zuvor hatten chinesische Wissenschaftler die Akupunktur entdeckt. Warum sind die Chinesen nicht auf das Chloroform als Narkosemittel gestoßen? Warum ist der Westen nicht auf die Akupunktur gekommen? Ist es wahrscheinlich, daß jede Kultur unabhängig von der anderen die wissenschaftlichen Geheimnisse der anderen herausgefunden hätte, auch wenn sie noch länger voneinander isoliert geblieben wären? Die meisten Kulturanthropologen vertreten die Auffassung, daß die Aussichten für ein solches wissenschaftliches Zusammentreffen gering oder gleich Null sind, weil nämlich das jeweilige Narkosemittel ein Produkt des besonderen historischen Weltbildes der einen oder der anderen großen Kultur ist.

Europa und China pflegten höchst unterschiedliche geistige und theologische Traditionen. Jede stützte sich in ihren Erkenntnisweisen auf ganz andere Annahmen und Voraussetzungen. Sie liefern den Kontext und Bezugsrahmen für die wissenschaftlichen Entdeckungen, die die beiden Kulturen als ihren besonderen historischen Beitrag für sich in Anspruch nehmen können.

Die Einführung einer neuen Technik in das Leben einer Kultur ist keineswegs zwangsläufig. Denken wir nur daran, daß viele hochentwickelte Kulturen, die große technische und geistige Leistungen vorzuweisen haben, sehr gut leben konnten, ohne je auf eine so simple Sache wie das Rad zu kommen. Was eine Kultur entdeckt, hängt vom begrifflichen Bezugssystem ab, das sie ihrem Leben gibt. Im Westen haben wir uns für ein Weltbild entschieden, daß zur

Atombombe und zur Manipulation der Erbpläne des Lebens geführt hat. Wenn schon diese Wirklichkeit wenig tröstlich ist, so ist es noch beunruhigender festzustellen, daß die nicht westlichen Kulturen nach Kräften bemüht sind, sich unser wissenschaftliches Weltbild anzueignen und die beiden leistungsfähigen Techniken zu übernehmen, die aus ihm entwickelt wurden.

Trotzdem gibt es auch Grund zu der Hoffnung, daß diese Entwicklung noch im Ansatz in Frage gestellt und aufgehalten werden kann. Doch das kann nur gelingen, wenn wir bereit sind, den technischen Determinismus abzuschütteln, der das Bewußtsein unserer Kultur so fest in seinem Griff hält. Das gespaltene Atom und das manipulierte Gen sind nicht zwangsläufig Teil unserer Zukunft. Ohne jeden Zweifel gibt es eine Zukunft auch jenseits dieser Techniken: eine Zukunft frei von dem Denken, das diese machtvollen Wirklichkeiten genährt und erhalten hat.

Es ist verständlich, wenn uns dies verblüffend erscheint. Die herrschenden Mächte wollen uns glauben machen, daß sich das Wissen um die Bombe oder die Genmanipulation niemals aus dem menschlichen Denken streichen läßt. Sie sagen uns, daß sich diese Entdeckungen nicht mehr ungeschehen machen, sondern bestenfalls eingrenzen lassen. Sie haben unrecht. Die Bombe und die Genmanipulation sind keine Gesetzmäßigkeiten des Lebens wie das Kommen und Gehen der Jahreszeiten. Sie sind Produkte der menschlichen Hand und des menschlichen Kopfes. Als solche lassen sie sich aus unserer Kultur wie aus unserem Bewußtsein entfernen.

Für viele mag das schockierend klingen, so sehr

haben sie sich daran gewöhnt, diese beiden Techniken für das Kernstück und die beherrschenden Faktoren des kommenden Zeitalters zu halten. Den Gedanken, die Bombe und die Genmanipulation abzuschaffen, werden besonders die Menschen nur schwer verstehen können, die alle Hoffnung aufgegeben haben, ihre technische Zukunft beeinflussen zu können. Viele Angehörige unserer Generation glauben, ihr Schicksal sei bereits besiegelt – der nukleare Holocaust oder die Schöne Neue Welt seien unausweichlich. Unsere Generation muß sich darüber klarwerden, daß die Form unserer Zukunft niemals unabwendbar ist. Sie hängt immer von unserem Willen und unseren Entscheidungen ab.

Wenn unsere Generation eine atomwaffenfreie Zukunft möchte und eine Zukunft, die frei ist von genetischer Manipulation, so muß sie das nur so fest wollen, daß ihr Wille die Mauern des alten Denkens zum Einsturz bringt und das Fundament zu einer neuen Ordnung legt. Durch den Willen des Menschen werden Denken und Handeln, Erwartung und Engagement, Entwurf und Ausführung zu einer einzigen Kraft vereinigt. In dem Bemühen, unserer Zukunft eine Richtung zu geben, die fortführt vom drohenden nuklearen Weltuntergang und einer eugenischen Zivilisation, wollen wir uns jetzt diesem menschlichen Willen zuwenden.

10 Entwurf eines neuen Weltbildes

Eine neue Bewegung entwickelt sich, die sehr verschieden ist von denen, die oft die Schlagzeilen der Tagespresse beherrschen. Diese Bewegung hat nichts zu tun mit Protesten, Gesetzgebung und Wahlen. Sie ist eine Bewegung ganz anderer Art, und auf lange Sicht, ganz lange Sicht könnte ihr Erfolg oder Mißerfolg darüber entscheiden, ob unsere Spezies und die Erde, die sie beherbergt, in einem Holocaust untergehen werden oder nicht.

Die Mitglieder dieser Bewegung kennen sich kaum untereinander. Manchmal scheinen sie sich gar nicht bewußt zu sein, welche Kräfte sie entfesseln. Trotzdem sind ihre Worte und Taten eine schwerwiegende Gefahr für das herrschende Weltbild. Wenn es dieser weitgehend unorganisierten Gruppe intellektueller Dissidenten gelingt, ihre vereinzelten Bemühungen in einer bewußten Bewegung zu vereinigen, könnte daraus ein neuer Entwurf einer menschlichen Zukunft erwachsen, von dem vielleicht der Funke auf die Mehrheit überspringt.

Die Ketzer unserer Tage sind zuerst in den Klassenzimmern und Vorlesungssälen Amerikas zu finden. Sie sind eine Übergangsgeneration von Lehrern, Professoren und Studenten, beteiligt an einer gewaltigen sozialen Umwälzung, die den materiellen Überfluß der fünfziger Jahre von den unerfreulichen Realitäten der achtziger Jahre trennten. Sie wurden beeinflußt, tief berührt und gelegentlich aus der Bahn geworfen von einer Folge von Kräften, Bewegungen und Ereignissen, die in den letzten beiden Jahrzehnten unsere politische Landschaft erschütterten. Ihre Einstellung ist geprägt von der Bürgerrechtsbewegung, dem Vietnamkrieg, der neuen Erweckungsbewegung und der Umweltbewegung. Es handelt sich um eine neue Generation von Wissenschaftlern, die sich zum Kampf gegen einen sicherlich gewaltigen Widersacher rüstet.

Diese Generation von Wissenschaftlern schickt sich an, gegen die konventionelle Denkweise der Menschheit anzutreten. Nicht unsere alltägliche Denkweise: Ihr Interesse gilt nicht dem Denken einer Generation oder eines Zeitalters, sondern der Denkweise, die uns als Art auszeichnet. Die Zielsetzung ist beispiellos: Es geht um eine Neuorientierung des menschlichen Bewußtseins, eine völlig neue Richtung für das Denken der Menschheit.

Das Ziel ist es, unsere Erkenntnisweise neu zu definieren, unsere Beziehung zur Technik neu zu gestalten, unsere Vorstellungen über das Wesen wirtschaftlichen Handelns neu zu formulieren und unsere Suche nach Sicherheit in ein neues Bezugssystem zu bringen. Kurzum, ihr Ziel ist geistige Abrüstung, die Ablösung des Weltbildes, das zur Atombombe und zur Genmanipulation geführt hat, und die Führung der Menschheit auf einem weitgehend unerforschten Weg wieder zurück in den Garten Eden.

Privat und öffentlich wird viel davon geredet, die Welt durch Veränderung der internationalen Politik vor der Vernichtung zu retten. Doch wenn wir dergleichen auch nur hoffen wollen, so müssen wir auch davon reden, den menschlichen Geist durch Veränderung des kollektiven Bewußtseins der Menschheit zu retten. Diesem Ziel hat sich eine kleine, aber wachsende Zahl von Menschen verschrieben. Dies ist die Geschichte ihrer Bemühungen, die Welt zu einem Ort zu machen, an dem es sich sicherer leben läßt. Ihre Geschichte muß wieder und immer wieder erzählt werden, bis jeder sie gehört hat. Es ist eine Geschichte der Hoffnungen und Neuanfänge.

Die Politik einer Kultur hängt weitgehend von ihren Entscheidungen über Erkenntnisweisen, Technikgebrauch und wirtschaftliche Organisationsformen ab. Alle unsere Vorstellungen zur

«Sicherheit» ergeben sich aus den Grundpositionen, die wir in diesen großen Kategorien menschlicher Erfahrung bezogen haben. Deshalb müssen wir den Sicherheitsbegriff neu definieren, müssen wir unsere erkenntnistheoretischen Grundpositionen, unsere Beziehung zur Technik und das Wesen des Wirtschaftsgeschehens überdenken.

11 Ein neuer Erkenntnisbegriff

Unser Bewußtsein ist so tief in der Vorstellung verwurzelt, Wissen sei Macht, daß wir uns kaum vorstellen können, es gebe eine ganz andere Möglichkeit, sich des menschlichen Verstandes zu bedienen. Doch soweit wir wissen, zwingt kein unwandelbares Gesetz unsere Psyche dazu, unser Bewußtsein ausschließlich als Waffe zur Vereinnahmung und Beherrschung der Umwelt zu benutzen. Es wäre auch eine gänzlich andere Erkenntnisweise denkbar, eine Erkenntnisweise, die die Grundlage unseres gesellschaftlichen Zusammenlebens tiefgreifend verändern würde. Statt die Erkenntnis in den Dienst von Macht und Herrschaft zu stellen, könnten wir Erkenntnis auch im Interesse von Einfühlung und Teilhabe suchen. Anstatt unsere Erkenntnis dazu zu benutzen, über den Rest der irdischen Schöpfung zu herrschen, könnten wir ebensogut versuchen, mit Hilfe der Erkenntnis zum Partner dieser Schöpfung zu werden.

Bei der alten Erkenntnisweise wollen wir immer erkennen, wie die Dingwelt sich aufbaut, so daß wir sie verwenden, ausbeuten, nutzbar machen und beherrschen können. Wir grenzen uns von allen Elementen der Umwelt ab, um sie in Objekte zu verwandeln, die manipuliert oder konsumiert werden können. Diese grundlegende Entfremdung führt uns immer weiter von unserer ersten Heimat fort, dem glückseligen Zustand, in dem es keine Unterscheidung gab, kein Bewußtsein des Selbst und des anderen, in dem alles Harmonie war.

Im Gegensatz dazu geht die einfühlende Erkenntnis von einem ganz anderen Ansatz aus. Dem Verstand geht es nicht um Beherrschung, sondern um Verbindung. Bei der neuen Erkenntnisweise fragen wir ständig nach den vielen Beziehungen, die uns mit allem anderen verbinden. Wir sind bemüht, uns mit den Dingen um uns her zu identifizieren, uns im anderen zu erkennen und das andere in uns. Unser Ziel ist es, uns mit dem Rest der Schöpfung zu vereinigen, mit ihr eins zu werden. «Wissen» in diesem neuen Sinne bedeutet zu wissen, wie wir an unserer Umgebung teilhaben können, nicht, auf welche Weise wir sie beherrschen können.

Die Architektur ist eine geeignete Metapher, um diese beiden ganz verschiedenen Erkenntnisweisen zu veranschaulichen. Viele zeitgenössische Architekten träumen davon, einen Wolkenkratzer zu bauen, ein Monument der Unbesiegbarkeit, autark und isoliert, das in aristokratischer Abgehobenheit über seine Umgebung emporragt. Sie sind stets auf der Suche nach neuen Baumaterialien, neuen Werkzeugen und neuen Organisationsprinzipien, um jene Festungen errichten zu können, die allen denkbaren Angriffen aus der Umwelt standhalten können. Für die Architekten von Wolkenkratzern bedeutet Erkenntnis die Maximierung der Macht und Herrschaft über die Umwelt. Ihre Arbeit soll die Umwelt unterwerfen, ausbeuten und verschlingen. Bedenken wir nur, daß der Sears Roebuck Tower in Chicago, das höchste Gebäude der Welt, jeden Tag mehr Energie verbraucht als beispielsweise die Stadt Rockford in Illinois mit ihren 147000 Einwohnern.

Doch es gibt die neuen Architekten, deren Erkenntnis sich an ganz anderen Gesichtspunkten orientiert. Sie träumen von einem passiven Solarhaus, so elegant mit seiner natürlichen Umgebung verschmolzen, daß schwer zu entscheiden ist, wo das Menschenwerk aufhört und das Werk der Natur beginnt. Sie möchten Materialien, Werkzeuge und Bauprinzipien entwickeln, die sich mit der jeweiligen Umwelt vertragen. Sie begreifen ihre Gebäude nicht als Festungen, sondern als eine Umwelt in der Umwelt, als Erweiterung der Umwelt, die an den Rhythmen, Abläufen und Zyklen der weiteren Umgebung teilhat. Die Gebäude sind beteiligt an der Wärme und dem Licht der Sonne, am Kreislauf der Jahreszeiten, der Geographie des Landes, der Strömungen und Gezeiten von Wind und Wasser. Die Gebäude sind Teil ihrer Umwelt. Für diese Architekten bedeutet Erkenntnis zu wissen, wie man sich in die Welt einfühlt und an ihr teilhat.

Die beiden Architekturschulen bringen in ihren Erkenntnisweisen sehr unterschiedliche Sicherheitsvorstellungen zum Ausdruck. Für die Schöpfer von Wolkenkratzern erwächst Sicherheit aus der Konstruktion eines unzugänglichen Panzerturms, der seine Umgebung beherrscht und kontrolliert. Für den Erbauer des passiven Solarhauses bedeutet Sicherheit ein Bauwerk, das sich in eine bewährte Gemeinschaft, das Ökosystem, sinnvoll einfügt.

In allen Wissenschaftsbereichen stellt eine neue Generation von Studenten und Lehrern den orthodoxen, auf Herrschaft angelegten Erkenntnisbegriff durch das ganz andere Prinzip der einfühlenden Erkenntnis in Frage. In der Biologie fragen beispielsweise die Gentechniker nach dem «Wie» der Natur, um leistungsfähigere und wirtschaftlichere Lebensformen herstellen zu können. Die Ökologen hingegen suchen die Gesetze der feinsten Beziehungen und Wechselwirkungen zwischen allen Lebewesen zu entdecken, um die gesellschaftlichen und wirtschaftlichen Rhythmen der Gesellschaft besser mit den biologischen Rhythmen der übrigen lebendigen Welt in Einklang bringen zu können.

In den Naturwissenschaften arbeiten die Physiker an komplizierten Kernfusionsreaktoren und versuchen ein Energiepotential nutzbar zu machen, das größer als das der Sonne ist, damit wir die Umwelt noch umfassender als bisher beherrschen können. Auf der anderen Seite gibt es die Physiker, die an der Nutzung von Wind-, Sonnen- und Wasserenergie arbeiten, an Techniken also, die sich den Rhythmen und Abläufen der natürlichen Umwelt anpassen lassen.

In der Medizin beruht der traditionelle Ansatz auf der Vorstellung, man müsse nur die engste Umwelt, in der das Problem vorliegt, in den Griff bekommen, um zu heilen. Häufig wird der Körper wie eine reparaturbedürftige Maschine behandelt. Dabei bleibt die medizinische Versorgung oft kalt und mechanisch. Die Ärzte begeben sich auf immer größere Distanz zu ihren Patienten, so daß es, wenn überhaupt, nur noch geringfügigen körperlichen

Kontakt zwischen ihnen gibt. Statt dessen werden die Patienten von einer Anzahl hochentwickelter Maschinen drangsaliert, abgetastet, sondiert und durchleuchtet.

Doch sogar in der Medizin scheint sich ein neuer einfühlsamer Erkenntnisansatz als praktikable und menschliche Alternative abzuzeichnen. Die ganzheitliche Gesundheitsbewegung schwört auf eine fürsorgliche, teilnahmsvolle Wechselbeziehung zwischen Arzt und Patienten und fordert letztere auf, sich ihrer Körperrhythmen bewußt zu werden und *mit* der Krankheit zu arbeiten statt gegen sie. Der Körper wird nicht isoliert behandelt, sondern als Bestandteil der weiteren Umwelt, an der er ständig teilhat. Entscheidend ist das Bestreben, die ganze Umwelt an der Wiederherstellung der normalen Körperfunktionen zu beteiligen.

Der einfühlenden Medizin ist mehr an der Vorbeugung als an der Heilung gelegen. Nehmen wir beispielsweise die beiden schlimmsten Krankheiten, die der Industriegesellschaft heute zu schaffen machen: Krebs und Herzleiden. Zwar hat es diese Krankheiten schon immer gegeben, epidemische Ausmaße hat ihre Verbreitung jedoch erst in den letzten Jahrzehnten angenommen. Zahlreiche klinische Studien lassen auf eine enge Ursachenbeziehung zwischen falscher Ernährung, Streß, einer krebserregenden Umwelt, die wir selbst geschaffen haben, und der Entstehung dieser Krankheiten schließen. Die einfühlende Medizin sucht in ihrer Forschung nach Möglichkeiten, die Ursachen des Problems zu beseitigen. Man ist bestrebt, die geschädigte Umwelt zu bessern, und versucht, die Ernährungsgewohnheiten und das Verhalten des einzelnen zu verändern.

Dieser Ansatz steht in krassem Gegensatz zu den traditionellen Methoden der Medizin, in denen die wirkliche Ursache des Problems in der Regel unbeachtet bleibt. Man zieht den chirurgischen Eingriff vor – in Zukunft wird es die Genintervention sein – und stellt die Menschen soweit wieder her, daß sie wieder in ihrer verschmutzten und streßbelasteten Umwelt leben können, die in erster Linie für ihre Krankheit verantwortlich ist.

In den erwähnten Bereichen und in zahllosen anderen, mit denen sich die Reihe der Beispiele fortsetzen ließe, beginnen die Menschen offensichtlich, die Welt aus einem anderen Blickwinkel zu betrachten. Eine neue Erkenntnisweise zeichnet sich ab.

Lange Zeit haben die Vertreter der auf Herrschaft und Kontrolle angelegten Erkenntnis denjenigen, die ihre Logik in Frage zu stellen wagten, vorgeworfen, sie wollten die Freiheit von Erkenntnis und Forschung beschneiden. Wenn ihre Erkenntnisweise die einzige wäre, die der menschlichen Vernunft zur Verfügung stünde, wäre ihr Protest nur allzu berechtigt. Doch das ist nicht der Fall. Man kann ein überzeugter und unversöhnlicher Gegner der heute vorherrschenden Erkenntnisweise sein und trotzdem für den Fortschritt und die uneingeschränkte Erweiterung des menschlichen Bewußtseins eintreten. Sicherlich ist die einfühlende Erkenntnis intellektuell ebenso anspruchsvoll und anregend wie die kontrollierende Erkenntnis. Man könnte sogar sagen, daß die traditionelle Erkenntnisweise, auf die wir uns so lange verlassen haben, das größte Hindernis für die weitere Entwicklung des kollektiven Bewußtseins unserer Art darstellt. Diese Form der Erkenntnis hat zu einer Kette immer schwerwiegenderer technischer und sozialer Krisen geführt, an deren Ende jetzt die Atombombe und die Gentechnik mit der Auslöschung des Bewußtseins drohen. Kann es eine größere Gefahr für die Freiheit der Forschung geben als eine Erkenntnisweise, die das Überleben der Art mit jedem Tag fraglicher werden läßt? Dabei hat diese Form der Erkenntnis längst ihre Schuldigkeit getan. Ihre Abdankung war schon fällig, als der erste Atompilz seinen Schatten auf die alte Kulturlandschaft Japans warf.

Doch immer wieder verfallen wir dem alten Vorurteil, daß Fortschritt und Freiheit der Forschung einerseits und Atombombe und Gentechnik andererseits unauflöslich miteinander verbunden seien. Das ist einer der Gründe, warum wir uns so schwer dazu durchringen können, auf diese Supertechnologien zu verzichten.

Unser Verstand verschließt sich diesem Gedanken. Unmöglich, sagen wir. Die Idee läßt sich nicht aus der Welt schaffen. Der Dämon kann nicht wieder in die Flasche gelockt werden. Jeder Versuch wäre nutzlos. Diese Überzeugung ist die Ursache der tiefen Verzweiflung, die unsere Kultur erfaßt hat. Es ist das quälende Gefühl, daß es in diesem Augenblick schon zu spät ist, daß wir nicht ungeschehen machen können, was nun einmal geschehen ist, daß wir nichts anderes tun können, als resigniert abzuwarten, bestenfalls zu hoffen, noch ein bißchen Zeit zu gewinnen für uns und unsere Kinder.

Da wir keine andere Denkweise kennen, ist leicht einzusehen, wie es zu dieser Haltung gegenüber Kerntechnologie und Gentechnik kam. Denn wenn es im Wesen des Menschen liegt, nach Macht und Herrschaft über die Umwelt und seinesgleichen zu streben, dann sind diese beiden großen Technologien sicherlich die hervorstechendsten Produkte menschlichen Geistes. Bedeuten sie nicht die höchste Steigerung der Macht und Herrschaft über die Naturkräfte?

Wenn das menschliche Bewußtsein von Natur aus auf Herrschaft hin angelegt ist, dann ist die Welt von der Bombe und der Gentechnik nur zu befreien, indem man sie vom menschlichen Geist befreit. Denn sonst werden die Vorstellungen und Gedanken dieses Geistes auch weiterhin um die beiden Technologien kreisen, und solange er sich mit der Herrschaft über die Umwelt beschäftigt, denkt er geradezu zwangsläufig an den Bau immer größerer und besserer Bomben und an die Herstellung immer leistungsfähigerer biologischer Organismen.

Dies ist die schleichende Angst, die allen anderen Ängsten zugrunde liegt, die Wurzel des großen Unbehagens, das uns lähmt. Was sollen wir tun, wenn das Denken, dem diese beiden folgenreichsten Technologien der Menschheit entsprungen sind, nicht einfach Unglücksfälle der Geschichte sind, sondern im Gegenteil höchster Ausdruck des Bewußtseins unseres Geschlechts?

Um diesen schrecklichen Gedanken verwerfen zu können, müßten wir willens sein, eine andere Erkenntnisweise in Betracht zu ziehen: eine Erkenntnis, die nicht darauf angelegt ist, die Umwelt zu beherrschen, sondern sich in sie einzufühlen.

Das ist nicht zuviel verlangt für unsere Zukunft und die des Planeten. Ohne Zweifel hat der menschliche Geist längst bewiesen, daß er fähig ist, diesem Auftrag gerecht zu werden. Immer wieder haben sich einzelne und ganze Gesellschaften solchen alternativen Wegen leidenschaftlich verschrieben. Leider war dieses Engagement immer nur kurz. Die Perioden des einfühlsamen Denkens scheinen immer nur plötzlich aufzutreten, den dunklen Himmel unseres Bewußtseins wie Leuchtkugeln zu erhellen und dann rasch wieder zu verlöschen, wenn der menschliche Verstand wieder auf die gewohnten Gleise des kontrollierenden Denkens einschwenkt.

Ein völlig anderes Denken ist also möglich. Die Frage lautet nicht, ob sich das kollektive Bewußtsein des Menschen verändern läßt, sondern ob wir die Kraft aufbringen, eine solche gemeinsame Anstrengung über längere Zeit durchzuhalten.

Nicht mangelnde Phantasie hindert uns an einer großen, neuen Vision unserer Bestimmung in dieser Welt, sondern die Erwartung, die wir an uns selbst stellen. Immer wieder halten wir fest an dem Klischee, daß der Mensch seit jeher aggressiv gewesen sei und nach Herrschaft gestrebt habe und daß man die Natur der Menschen nicht ändern könne. Natürlich wird niemand abstreiten, daß diese Seite des menschlichen Verhaltens die gesellschaftlichen Verhältnisse bestimmt hat, soweit unsere Erinnerung zurückreicht. Doch auch die andere Seite des menschlichen Verhaltens macht sich von Zeit zu Zeit bemerkbar – die Seite, für die die Heiligkeit des Lebens der wichtigste Gesichtspunkt ist.

Letztlich wird das, was wir von der Natur unserer Art erwarten, über unser Schicksal entscheiden. Wenn wir uns weiterhin für aggressiv und machtbedürftig halten, welche Argumente haben wir dann gegen die Menschen oder Nationen, die sich zur Erfüllung ihres «biologischen Schicksals» entscheiden, indem sie immer mächtigere Waffen bauen oder in die biologischen Baupläne des Lebens eingreifen?

Wenn wir andererseits glauben, daß wir ein natürliches Einfühlungsvermögen für alles Leben und die Umwelt haben, die das Leben erhält, dann sind wir mehr als berechtigt, diejenigen zu verurteilen, die gegen diese Grundregeln menschlichen Verhaltens verstoßen, indem wir sie daran hindern, noch mehr Bomben zu bauen oder den genetischen Kode der Lebewesen auf diesem Planeten zu manipulieren.

Ob wir als Gattung überleben oder untergehen, hängt also weitgehend davon ab, wie wir selbst uns definieren. Damit aber steht auch fest, daß wir eine Wahl haben, daß unser Schicksal nicht besiegelt ist, daß es noch einen Ausweg gibt. Es gibt ihn wirklich. Die Entscheidung, ob wir leben oder sterben, liegt in unserer Hand. Wenn wir uns für das Leben entscheiden, müssen wir die innere Kraft und den Mut aufbringen, die Jahre des Zynismus und der Selbstzweifel, der Furcht und der Resignation, die uns so gelähmt haben, als falsch zu entlarven und zu beenden.

Lange Zeit haben wir Wissen gesammelt, um Macht zu erlangen, um herrschen zu können, um sicher zu sein. Diese Einstellung hat dazu geführt, daß uns heute nur noch wenige Minuten von unserer Vernichtung trennen. Sollte die Welt nicht endlich einsehen, daß von dieser Art Wissen nichts mehr zu erwarten ist? Wir haben es angewandt, und es hat versagt. Es hat uns immer weiter von der Sicherheit entfernt, nach der es uns verlangt.

Wir sind einfach an den Punkt gelangt, wo uns die Erkenntnismethode nicht mehr weiterhelfen kann, an die wir uns seit den ersten Anfängen des menschlichen Bewußtseins gehalten haben. Mit jedem Tag erscheint diese traditionelle Denkweise immer künstlicher, tautologischer und ermüdender. Obwohl es uns natürlich widerstrebt, eine Denkweise aufzugeben, die über so lange Zeit das Charakteristikum unserer Gattung gewesen ist, so zeigt sich doch mit schmerzhafter Deutlichkeit, daß jedes weitere Beharren auf dieser Form der Erkenntnisfindung der Menschheit zum Verhängnis würde.

Die einfühlende Erkenntnisweise hingegen führt uns in Bereiche, die vom menschlichen Geist noch kaum erschlossen sind. Sie eröffnet dem Denken ganz neue Betätigungsfelder. Sie ist eine noch unerprobte Forschungsmethode, die die Menschheit vor ungewohnte Aufgaben stellt. Mit einer einfühlenden Erkenntnisweise unterwerfen wir uns einem neuen Katechismus. Das Gesetz unseres Denkens lautet nicht mehr, Wissen ist Macht, Macht ist Herrschaft und Herrschaft ist Sicherheit, sondern nunmehr Wissen ist Einfühlung, Einfühlung ist Teilhabe und Teilhabe ist Sicherheit. In der neuen Ordnung des Bewußtseins wird die Sicherheit dadurch gewährleistet, daß der Mensch zum Bestandteil der größeren Gemeinschaft des Lebens wird, jenes großen Organismus, den wir Erde nennen. Sicherheit ist nicht mehr in der selbstgenügsamen Isolierung zu finden, sondern in einer auf Gegenseitigkeit beruhenden Partnerschaft mit der Schöpfung. Sicherheit ist nicht in und durch Herrschaft und Manipulation zu finden, sondern in der Einbindung in jenes Beziehungsgeflecht, aus dem die irdischen und kosmischen Ökosysteme bestehen.

Es ist an der Zeit, der Welt kundzutun, daß es eine neue Vorstellung von Sicherheit gibt, eine neue Vorstellung von Erkenntnis, eine neue Vorstellung vom Sinn und Zweck des Denkens. Befreien wir den menschlichen Geist von seinen Fesseln, lassen wir ihn neue Denkmuster entdecken, lassen wir ihn auf neue Gebiete vordringen, lassen wir ihn neue Bilder entwerfen, von denen wir noch nie geträumt haben. Das ist die große Aufgabe, die vor uns liegt, an der wir gesunden können und die uns und unseren Kindern ein hohes und wahrhaft lohnendes Ziel setzt.

12 Eine neue Definition unserer Beziehung zur Technik

Eine Änderung unserer Denkweise bedeutet auch eine Änderung unseres Technikgebrauchs. Unser Verhältnis ist nicht frei von Ironie. Auf der einen Seite erwarten wir von ihr die Rettung in Krisenzeiten. Nachdem wir Gott in die Rolle eines unbeteiligten kosmischen Beobachters abgeschoben haben, können wir uns nur noch an unsere Werkzeuge halten, wenn alles andere versagt. In schlechten Zeiten, in denen sogar die Hoffnung zur Mangelware zu werden scheint, trösten wir uns mit dem Gedanken, daß irgendwo irgendwie irgend jemand mit einem neuen Apparat, einem neuen Werkzeug oder einer neuen Maschine herumexperimentiert, die uns aus dem Dilemma heraushelfen kann, in dem wir gefangen sind. In einer Welt, die von unterschiedlichen Ideologien und Bündnisverpflichtungen zerrissen ist, scheint es doch in allen Industriestaaten den gleichen ungeteilten Glauben an die Früchte unseres technischen Erfindungsgeistes zu geben.

Nirgends zeigt sich das deutlicher als im nuklearen Rüstungswettlauf, wo man die letzte Hoffnung, daß sich das Undenkbare noch abwenden läßt, auf die Technik setzt. Der Präsident, der

Kongreß, die Militärstrategen sind hektisch bemüht, eine neue Generation von Waffen zu entwickeln, mit denen sich die bereits existierenden Waffen erfolgreich abwehren lassen. Die Öffentlichkeit wird ständig mit den neuesten Nachrichten über die Entwicklung von Laserkanonen, Teilchenstrahlern, Killersatelliten und anderen Waffen der Weltraumzeit beglückt, stets mit dem Tenor, daß diese neuen Waffensysteme einen nahezu unfehlbaren Schutz vor der Fülle der bereits vorhandenen Waffen bedeuten. Wir reagieren also auf die sich verschärfende Krise, die großenteils ein Produkt unserer Technikverwendung ist, mit einem Mehr an Technik, ohne je innezuhalten und zu überlegen, ob das Problem nicht vielleicht in unserer vermeintlichen Lösung liegt.

Natürlich ist der Glaube oft blind für die offensichtlichsten Widersprüche. Angesichts der magischen Fähigkeiten, die wir der Technik zuschreiben, unterdrücken wir alle anderen Regungen und fühlen uns zu bedingungsloser Treue verpflichtet. Unsere Technik statten wir mit gottähnlichen Eigenschaften aus.

Andererseits scheint uns angesichts dieser Vergötzung der Technik auch ein bißchen unbehaglich zu sein. Manche fürchten, wir könnten von unseren Maschinen zu abhängig werden. Deshalb behaupten wir, alle unsere Werkzeuge seien neutral und würden nur zu Instrumenten der Macht, wenn sie von ihren Konstrukteuren für entsprechende Zwecke eingesetzt würden. Man hält die uralte Fiktion aufrecht, daß Werkzeuge an sich wertfrei seien und nur die Werte der Leute besitzen, die sie benutzen.

Diese Vorstellung ist falsch und gefährlich. Indem wir uns der Illusion hingeben, daß alle unsere Technologien neutral seien, bleibt uns die Pflicht erspart, uns auch nur gegen die Entwicklung einer einzigen zu wehren. Indes, Technologien sind nicht wertneutral. Es hat nie eine neutrale Technik gegeben. Jede Technologie ist Macht. Eine Schleuder gibt uns mehr Wurfkraft als der Arm. Ein Auto gibt uns eine größere Fortbewegungsmöglichkeit, als Arme und Beine es können. Eine Telekonferenz verschafft unserer Kommunikation eine größere Reichweite als die direkte Verständigung. Zweck einer jeden Technik ist es idealtypisch, unser Wohlbefinden in irgendeiner Weise zu steigern. Technik ist ihrer innersten Natur nach Ausbeutung: sie extrahiert, destilliert, verarbeitet, organisiert, wandelt um, konsumiert, systematisiert.

Technik verändert das Gleichgewichtssystem der Natur, weil sie dem Menschen Vorteile über seinesgleichen und andere Arten gibt. Die Technik versorgt uns mit künstlichen Gliedern und Zugriffsmöglichkeiten, so daß wir über unsere natürlichen biologischen Grenzen hinausreichen können.

Werkzeuge sind Macht. Jedes Werkzeug, das wir benutzen, trägt Macht in sich aufgrund der Aufgabe, für die es entwickelt wurde. Jedesmal wenn wir ein Werkzeug benutzen, um unser Wohlbefinden zu steigern, geht dieser Gewinn zwangsläufig auf Kosten irgendeines Verlustes. Es liegt im Wesen der Machtausübung, daß zu jedem Sieg auch eine Niederlage gehört, zu jeder Vermehrung auch eine Verminderung. Das ist die Natur der Macht. Die Werkzeuge, die wir schaffen, sind gesättigt mit Macht, weil ihre ganze Daseinsberechtigung darin besteht, uns «einen Vorteil» zu verschaffen. Die Frage also, die in der Weltmeinung bislang noch nicht ernsthaft gestellt worden ist, lautet: Wenn alle Technologien Macht sind, wieviel Macht ist dann angemessen? Ist es möglich, eine Technologie zu entwickeln, der soviel Macht innewohnt, daß es unangemessen wäre, sie zu nutzen oder sie auch nur weiterhin herzustellen? Bislang haben wir die Auffassung vertreten, daß es noch zu keiner Zeit und an keinem Ort angemessen war, zu irgendeiner neuen Technologie nein zu sagen. Deshalb haben die Menschen bisher jedes technische Mittel zur Beherrschung der Umwelt für angemessen gehalten. Solange wir Erkenntnis suchen, um mehr und mehr Macht über die Umwelt und unseresgleichen zu gewinnen, warum sollten wir dann je bereit sein, auf ein neues Mittel zu verzichten, das unser Verstand zu diesem Zweck ersonnen hat?

Sogar diejenigen, die als die entschiedensten Gegner des technischen Fortschritts gelten, werden wahrscheinlich behaupten, das Problem liege nicht in der Technik, die wir entwickeln, sondern in den Menschen, die über sie bestimmen. Viele glauben immer noch, man brauche die gesamte Technik nur zu demokratisieren und in die Hände des Volkes zu legen, dann werde sie bei veränderter gesellschaftlicher Funktion nur noch für löbliche Zwecke eingesetzt. Für diese Menschen lautet die Frage nicht, ob eine neue Technik anzunehmen oder abzulehnen ist, sondern ob sie sich steuern und unter Kontrolle halten läßt. Sie übersehen, daß ein

Kernreaktor im vollkommenen sozialistischen Staat nicht anders funktionieren würde als in den meisten kapitalistischen Ländern.

Es wird uns nicht leichtfallen, die alten Technikvorstellungen abzustreifen. Dazu müssen wir einsehen, daß einige Technologien unter keinen Umständen eingesetzt werden dürfen, weil sie entweder im Widerspruch zur Heiligkeit des Lebens stehen oder gar seine Fortdauer bedrohen. Manchen Technologien wohnt soviel Macht inne, daß wir durch ihren bloßen Gebrauch uns selbst und unsere Umwelt schädigen.

Es ist an der Zeit, Werkzeuge zu entwickeln, die sich einfühlen in die Umwelt, in der sie gebraucht werden, Werkzeuge, die teilnehmen, statt wegzunehmen, die auswählen, anstatt zu plündern, Werkzeuge, die sich dem Puls und Rhythmus der Umwelten anpassen, in denen sie eingesetzt werden. Angemessene Technologien sind Technologien, die sich in ihre Umgebung einfügen, die das geringstmögliche Maß an Störung hervorrufen und die so sparsam eingesetzt werden können, daß sich die Umwelt immer wieder regenerieren kann.

In den auf Herrschaft angelegten und in den einfühlenden Technologien manifestieren sich zwei sehr verschiedene Vorstellungen vom Wesen der Sicherheit. Bei ersteren liegt der Akzent auf der Mehrung gegenwärtiger Möglichkeiten. Bei den einfühlenden Technologien liegt die Betonung auf der Mehrung künftiger Möglichkeiten. Bei den Technologien, die auf Herrschaft angelegt sind, wird der Leistungssteigerung für die gegenwärtige Generation absoluter Vorrang eingeräumt. Bei einfühlenden Technologien steht die langfristige Lebenssicherung, also auch die künftiger Generationen, an erster Stelle.

Die Landwirtschaft ist ein schönes Beispiel für diese beiden unterschiedlichen Technologieauffassungen. Die hochtechnisierten Landwirte suchen ständig nach neuen, immer exotischeren Behandlungsweisen von Pflanzen und Böden, um die Naturkräfte immer besser beherrschen zu können. Für sie ist die Landwirtschaft zu einem Schlachtfeld geworden, auf dem zunehmend kompliziertere Waffen eingesetzt werden – vor allem chemische Dünger und Schädlingsbekämpfungsmittel –, um aus den Böden und angebauten Pflanzen einen immer größeren Ertrag herauszupressen. Der hochtechnisierten Landwirtschaft geht es darum, ein

Höchstmaß an Ernteerträgen mit einem Minimum an Zeit und Arbeitsaufwand zu erwirtschaften. Durch Anreicherung des Bodens mit Chemikalien und durch Eingriffe in die Erbanlage der Pflanzen lassen sich die Erträge kurzfristig enorm steigern, doch bedeutet das langfristig Bodenerschöpfung und einen erheblichen Verlust an genetischer Pflanzenvielfalt.

Im Gegensatz dazu bemühen sich die biologisch-dynamischen Landwirte um das empfindliche Gleichgewicht der Beziehungen, von dem die Pflanzenzyklen abhängig sind, und setzen biologische Dünger ein, verwenden daher natürliche Schädlingsbekämpfungsmittel und sind bestrebt, die natürlichen Rhythmen von Produktion und Regeneration wiederherzustellen. Biologisch-dynamische Landwirte sehen ihre Aufgabe in der Hege und Pflege, nicht in der Beherrschung der Natur. Sie möchten die Böden und Pflanzenarten erhalten, damit auch die Lebensgrundlage künftiger Generationen gesichert ist. Kurzfristig werden die biologisch-dynamischen Betriebe weniger Ertrag erwirtschaften als hochtechnisierte Betriebe. Langfristig aber werden die Gesamterträge sehr viel höher liegen, da Böden und Pflanzen Gelegenheit haben, sich über viele Zyklen und Jahresabläufe hinweg selbst zu erneuern.

Der einfühlende Technologieansatz geht von der Annahme aus, daß alles miteinander in Beziehung steht und voneinander abhängig ist und daß sich technische Eingriffe auf ein Minimum beschränken sollten, um die unzähligen Verflechtungen in der natürlichen Welt sowenig wie möglich zu beeinträchtigen. Man leugnet nicht, daß ein gewisses Maß von Ausbeutung stets gegeben sein wird. Alle Wesen möchten leben, und nach dem Gesetz der Natur muß immer etwas sterben, damit etwas anderes leben kann. Richtig ist aber auch, daß ein Zuviel an Ausbeutung die lebenserhaltenden Systeme zerstören kann, von denen unser künftiges Überleben abhängig ist. Es ist also zu unterscheiden zwischen dem Geben und Nehmen, das alle Beziehungen prägt, und jener Form blindwütiger Ausbeutung, die alle Beziehungen belastet und schließlich zerstören muß.

13 Ein neues Wirtschaftskonzept

Wenn tatsächlich, wie Locke, Smith und die anderen Propheten der Neuzeit behaupten, ständiges Wachstum und immer größere Leistung unentbehrliche Voraussetzungen sind, um das Los des einzelnen und die Sicherheit der Gesellschaft zu verbessern, dann brauchen wir als Gesellschaft nur Wachstum und Leistung, um mehr Sicherheit zu erlangen. Folgen wir dieser Argumentation, so können wir unsere Sicherheit nur gewährleisten, indem wir die Ressourcen der Erde immer schneller ausbeuten, umwandeln und konsumieren. Heute hat jede Gesellschaft auf der Erde den Kerngedanken dieses Sicherheitskonzeptes verinnerlicht. Folglich sind die Nationen der Welt in einen verbissenen Konkurrenzkampf um die Verteilung von Territorien, Ressourcen und Arbeit verstrickt. In dem blinden Verlangen, die Ressourcen der Erde zu beherrschen und zu konsumieren, erweitern alle Staaten ihre Militärarsenale, häufen Waffen auf und unterhalten riesige Streitkräfte. Um sich Vorteile zu verschaffen, bedrohen sie sich, erpressen sie sich, fallen sie auf dem Gebiet ihrer Nachbarn ein und besetzen es. Jedes Land hat sich den Götzen Wachstum und Expansion verschrieben und nutzt alle militärischen Mittel, die ihm zur Verfügung stehen, um sich die dafür erforderliche Macht zu sichern. Ironischerweise findet all diese Rivalität, Konkurrenz, Enteignung und Ausbeutung im Namen der Sicherheit statt. Mit jedem neuen Tag verstrickt sich die Erde tiefer in ihre Kämpfe, wird das kollektive Überleben fraglicher, und trotzdem halten die Staaten fest an der Idee, daß sich dauerhafte Sicherheit nur durch ständiges Wachstum und Expansion gewinnen lasse.

Wenn wir die Spirale des Imperialismus und Militarismus jemals zurückschrauben wollen, auf die sich die Nationen der Welt eingelassen haben, dann müssen wir die Sicherheit neu definieren, indem wir das Wesen unseres wirtschaftlichen Handelns neu definieren. Diese Neudefinition beginnt mit einer grundlegenden Neufassung der Terminologie. Unsere Generation kann dem Sicherheitskonzept eine andere Gestalt geben, indem sie in unserem Wirtschaftsdenken den Begriff des «Wachstums» durch den des «Borgens» ersetzt.

Die wichtigste Wahrheit über uns Menschen, unsere Menschenwerke und unsere Kultur lautet, daß alles geborgt ist. Sogar die Moleküle in unserem Gesicht und Körper sind dort nur vorübergehend auf ihrer Reise von der Mitwelt und zu ihr zurück. Ewig müssen wir von der Umwelt borgen, um unsere Lebensweise zu schaffen und zu erhalten. Wir borgen die Ressourcen der Natur und formen sie um in uns nützliche Produkte, um ein gewisses Maß an vorübergehendem Wohlbefinden herzustellen. Alles was wir umwandeln, landet schließlich wieder in der Natur, nachdem wir ihm den flüchtigen Wert abgewonnen haben, den wir von ihm bekommen konnten. Sobald wir den Begriff des Borgens in die Wirtschaft einführen, zeigt sich plötzlich ein gewisses Verantwortungsgefühl, da mit dem Borgen auch der Begriff der Schuld ins Spiel kommt. Wenn jeder Aspekt unseres Überlebens vom Borgen abhängt, dann sind wir bis in den Kern unseres Seins verschuldet. Den Begriffen des Borgens und der Schuld implizit ist die Notwendigkeit der Rückzahlung. Das Borgen hat also naturgegebene Grenzen – eine Kultur darf nur in dem Maße borgen, in dem sie zur Rückzahlung fähig ist.

Mit der Schuld akzeptieren wir auch die Tatsache, daß wir unser Sein, unser Überleben den vielen Lebewesen und Dingen verdanken, die geopfert werden mußten, damit wir uns selbst Fortbestand verleihen konnten.

Nehmen wir an, ein grundlegender Wandel des ökonomischen Denkens könnte einen Umschwung von der Wachstumspolitik zu einer Politik des Borgens bewirken. Das Bruttosozialprodukt würde zu einem Maß für den vorübergehenden wirtschaftlichen Wert werden, den wir uns auf Kosten der verbrauchten Ressourcen und des angehäuften Mülls angeeignet hätten. Und wir würden verstehen lernen, daß der Ausgleich der Bilanzen letztlich immer zwischen Gesellschaft und Natur stattfindet. Durch die Politik des Borgens würde das neue Grundprinzip aufgestellt, daß die Gesellschaft niemals rascher konsumieren darf, als die Natur reproduzieren kann, wenn nicht ein unwiderrufliches Defizit entstehen soll.

Wenn das Borgen zum Prinzip des Wirtschaftsprozesses wird, dann muß jede politische und gesellschaftliche Entscheidung daran gemessen werden, wie sie sich langfristig auf das Gleichgewicht zwischen den wirtschaftlichen Bedürfnissen und Wünschen der Gesellschaft einerseits und der Reproduktionsfähigkeit der Natur andererseits auswirkt. Borgen setzt ein gegenseitiges Geben und Nehmen der Beteiligten voraus. Mit dem Borgen ist die Vorstellung einer Beziehung und einer gegenseitigen Abhängigkeit verbunden, bedeutet auch Verantwortung und Rechenschaftspflicht. Wenn wir das Borgen zum zentralen Begriff unseres wirtschaftlichen Wortschatzes machen, wird die Wirtschaft zu einer Angelegenheit, die alle angeht. Jeder wird für jeden anderen und das Geflecht von wirtschaftlichen Abhängigkeiten verantwortlich, das ihn in eine tiefreichende und wechselseitige Beziehung zur größeren Umwelt setzt.

Sobald wir uns selbst als Teil eines unteilbaren Ganzen verstehen, in dem jedes Lebewesen jedem anderen Rechenschaft schuldig und verpflichtet ist, wird jeder Gedanke an einen Krieg von selbst hinfällig. Denn in diesem neuen Bezugssystem wäre jeder Krieg ein Krieg mit sich selbst. Nur wenn man in seinem Denken den existentiellen Zusammenhang alles Lebendigen leugnet, wird der Krieg vorstellbar.

Wenn uns die Kernwaffen etwas gelehrt haben, dann die Tatsache, daß wir in ein unauflösliches Netz von Abhängigkeiten eingebunden sind und daß jeder Versuch, aus diesem Labyrinth ge-

genseitiger Verpflichtungen herauszukommen, nicht nur die am Konflikt Beteiligten bedroht, sondern alle anderen ebenso. Der Gedanke, die Früchte unserer Arbeit gerechter zu verteilen, mit den Mitmenschen und Nachbarvölkern enger zusammenzuarbeiten und Sorge zu tragen für die Ökosysteme, die wir bewohnen, galt als weltfremd und naiv. Heute ist dieser Gedanke absolut notwendig, wenn wir überleben wollen.

Weltbilder zu verändern heißt, Grundpositionen zu verändern, die darüber entscheiden, wie wir uns und die Welt um uns her verändern. Benutzen wir unseren Verstand, um Macht über die Naturkräfte zu gewinnen oder um uns in den Rest der belebten Welt einzufühlen? Benutzen wir die Technik, um uns möglichst große Vorteile gegenüber der Umwelt und unseresgleichen zu verschaffen oder um eine ausgeglichene Beziehung des Gebens und Nehmens zwischen allen Lebewesen herzustellen? Definieren wir den Wirtschaftsprozeß als Wachstum und grenzenlose Expansion oder als ein Borgen mit der Verpflichtung, die Regenerationsfähigkeit der Natur zu erhalten? Definieren wir Sicherheit als Herrschaft über unsere Umwelt oder als Teilhabe an den Lebensgemeinschaften, aus denen sich die Ökosysteme unseres Planeten aufbauen?

Innerhalb des alten Bezugssystems ist eine Welt ohne Kernwaffen und Kernkraft oder eine Welt ohne Genmanipulation unvorstellbar. Solange wir glauben, daß sich unsere Sicherheit nur durch Maximierung von Macht, Vorteil, Wachstum und Herrschaft herstellen läßt, werden wir niemals auf Kernwaffen und Genmanipulation verzichten. Nur durch ein radikales Umdenken im Bereich der Sicherheit können wir uns eine Welt vorstellen, die ohne diese beiden Technologien auskommt. Wenn wir Einfühlung an die Stelle von Macht setzen, Gerechtigkeit für Vorteil, Borgen und Schuld für Wachstum und Expansion sowie Teilhabe und Fürsorge für Herrschaft und Manipulation, können wir ein neues Bezugssystem gewinnen, das uns tatsächliche und stabile Sicherheit für den einzelnen und die Gemeinschaft bietet. In einer Welt, die sich als eine große Familie versteht, die in einer geschlossenen Gemeinschaft lebt, ein gemeinsames Ökosystem bewohnt und auf einen einzigen Planeten angewiesen ist, ist kein Raum für Kernwaffen und Genmanipulation.

14 Frieden mit dem Planeten

Hegel hat einmal gesagt, die Waffen seien nichts als das Wesen der Kämpfenden selbst. Im vorliegenden Essay haben wir unseren nuklearen und genetischen Alptraum auf unsere Denkweise zurückgeführt und dabei eine ganz neue Denkweise entdeckt, die unsere Verstörung und die Krise unserer Kultur beenden könnte. Jetzt gilt es einen letzten Gesichtspunkt zu beachten, wenn uns der Sprung von der alten zur neuen Denkweise wirklich gelingen soll. Wir müssen unser Ketzertum auf die Spitze treiben und auf die Macht als Mittel zur Erlangung von Sicherheit verzichten.

Leider hat man den Gewaltverzicht zu eng auf den geopolitischen Bereich eingeschränkt. Die Frage lautet nicht, ob wir bereit sind, gegenüber den Sowjets auf Macht zu verzichten, sondern ob wir bereit sind, der Idee der Macht an sich abzuschwören. Wir können auf Kernwaffen und Gentechnik noch nicht verzichten, weil das Gefühl der Verpflichtung gegenwärtig nicht groß genug ist, um dem Drang nach Herrschaft über die Umwelt zu widerstehen. Deshalb ist uns die Vorstellung, auf den Gebrauch unserer Macht zu verzichten, so unerträglich, und deshalb erfüllt es uns mit Furcht, diese Möglichkeit auch nur zu erwägen. Doch wenn wir nicht bereit sind, unser Machtstreben abzulegen, werden wir mit Gewißheit auf immer in dem technologischen Wettlauf gefangen bleiben, der letztlich nur zur Zerstörung der belebten und unbelebten Natur führen kann.

Kommt die Rede auf Abrüstung, lautet die stereotype Erwiderung: «Wollen Sie lieber kapitulieren?» Bis heute ist damit noch jede Generation mundtot gemacht worden, wenn die Diskussion an diese entscheidende Stelle gelangte. Doch was wäre, wenn unsere Generation entschlossen ist, einen Ausweg aus der Sackgasse zu finden? Wir könnten erklären, daß es nicht darum geht, ob wir bereit sind, vor den Russen zu kapitulieren. Denn auch wenn wir eines Tages die Sowjetunion nicht mehr als Bedrohung auffassen würden, würden wir zweifellos irgendein anderes Feindbild auftreiben. Solange wir die Welt weiterhin als feindseligen Ort wahrnehmen, den es unserer Herrschaft zu unterwerfen gilt, wird die Spirale des Wahnsinns kein Ende finden. Könnte nicht unsere Generation vollbringen, wozu die Generation unserer Eltern zu feige war: auf die Macht als Mittel des Umgangs mit anderen Nationen verzichten?

Der Idee des Gewaltverzichts wohnt eine große Kraft inne. Es ist die Kraft der Gegensätze, die einzige Kraft, die groß genug ist, um uns vom nuklearen Rüstungswettlauf und dem Eintritt in die Schöne Neue Welt abzuhalten.

Der Gedanke, dem Machtgebrauch abzuschwören, löst so hitzige Reaktionen aus, weil er eben das Gegenteil von Herrschaft und Kontrolle beinhaltet. Wenn es unserer Generation gelingt, den Machtverzicht von einem Begriff der Schwäche in einen der Stärke zu verwandeln, dann haben wir das Instrument unserer Befreiung entdeckt.

Die große Herausforderung, der sich unsere Generation gegenübersieht, liegt darin, den Weg zur Freiheit zu erkennen. Dazu müssen wir verstehen, daß Machtverzicht keinesfalls Kapitulation bedeutet. Er ist nicht Aufgabe, sondern Befreiung unseres Bewußtseins von den Fesseln, die es viel zu lange eingeengt haben.

Manch einer wird bezweifeln, daß ein einfühlendes Bewußtsein Erfolg haben kann in einer Welt, die noch weitgehend vom Machtstreben beherrscht wird. Dabei übersieht er, daß schon der Verzicht auf das alte Bewußtsein und das Bekenntnis zum neuen den Sieg bedeutet, den größten Sieg, der überhaupt möglich ist. Ein Bewußtsein, das die verderbliche Mitarbeit verweigert, das die scheinbare Unumgänglichkeit des Machtstrebens nicht mehr akzeptiert, läßt sich nicht beherrschen.

Wenn man mit Herz und Kopf davon überzeugt ist, daß die eigene Sicherheit nicht in Überlegenheit, sondern in Verletzlichkeit liegt, nicht in Herrschaft, sondern in Teilhabe, durch welche Gefahr sollte man dann noch zu beeindrucken sein? Die Warnung vor dem Verlust an Sicherheit würde sicherlich auf taube Ohren stoßen, weil im neuen Bewußtsein die Sicherheit an ganz andere Voraussetzungen geknüpft ist. Nach herkömmlicher Vorstellung bedeutet Verlust an Sicherheit Verlust an Herrschaft, die Unfähigkeit, über die Umwelt Macht auszuüben. Bei jemandem, der bereits die bewußte Entscheidung getroffen hat, auf die Ausübung von Herrschaft und Macht gegenüber der Umwelt zu verzichten, muß sich jeder Versuch, mit dem Entzug von Herrschaft und Macht zu drohen, als überflüssig und wirkungslos erweisen. Macht läßt sich nur dann erfolgreich ausüben, wenn es willige Mitspieler gibt: Menschen, die bereit sind, als Täter oder Opfer mitzumachen. Wenn genügend viele Menschen beschließen, sich nicht an der Machtausübung zu beteiligen, wird sich genau diese Macht schließlich in Luft auflösen. Ohne öffentliche Unterstützung, Mittäterschaft oder zumindest die passive Hinnahme ist die Ausübung von Macht nicht möglich.

Das ist die wichtigste Lektion für unsere Generation. Der bloße Verzicht auf unser Machtstreben verurteilt alle Versuche anderer, diesem Streben Geltung zu verschaffen – seien es einzelne oder Nationen –, zum Scheitern. Das ist keine neue Erkenntnis, sondern eine der ältesten Lehren, die wir von den großen Propheten der Geschichte wieder und wieder gehört haben. Jesus verzichtete auf die Gewalt am Kreuz von Golgatha – er hielt die andere Wange hin. Er entschloß sich zur Verwundbarkeit, als er hätte herrschen können. Und in einem Akt höchster Einfühlung bat er Gott, seinen Henkern zu vergeben. Seine Kreuzigung ist das bedeutendste historische Zeugnis für die Stärke, die sich aus einem einfühlenden Bewußtsein gewinnen läßt.

Die Geschichte Jesu ist eine Herausforderung an das Bewußtsein der Menschheit wie kein Ereignis vorher oder nachher. Dieser einfache Zimmermann aus Galiläa bot der Menschheit ein einzigartiges Beispiel. Er zeigte seinen Brüdern eine neue Weise zu denken, eine neue Weise, sich zur Welt in Beziehung zu setzen. Manchmal waren sogar seine Jünger nicht fähig, die Bedeutung seiner Botschaft zu erfassen. Ihr Bewußtsein war noch so sehr auf Herrschaft und Kontrolle fixiert, daß ihnen seine Aufforderung, verletzlich zu werden und sich preiszugeben, äußerst merkwürdig erschien. Als sich in der verhängnisvollen Nacht seiner Festnahme die bewaffnete Menge auf ihn stürzte, beschwor sein Jünger Petrus ihn, sich zu wehren. Jesus weigerte sich und tadelte Petrus, als dieser zur Waffe griff. Die Worte, mit denen er das tat, sind zum Leitmotiv für alle geworden, die beschlossen haben, das traditionelle Bewußtsein abzulegen: Denn wer das Schwert nimmt, soll durch das Schwert umkommen.

Jesus wollte uns einen grundlegend anderen Weg zeigen. Der Mann, der sich als Gottes Sohn bezeichnete, erlaubte seinen Mitmenschen, ihn zu verfolgen und umzubringen. Jesus hätte von seiner überlegenen Macht Gebrauch machen und seine Verfolger in ihre Schranken weisen können. Doch darauf verzichtete er aus freien Stücken. Allen kommenden Generationen zeigte er damit, wieviel Stärke in dem Entschluß liegt, auf Machtanwendung zu verzichten und denen die Zusammenarbeit zu verweigern, die sich ihrer noch bedienen.

> *Ihr habt gehört, daß da gesagt ist: «Auge um Auge, Zahn um Zahn.» Ich aber sage euch, daß ihr nicht widerstreben sollt dem Übel; sondern, so dir jemand einen Streich gibt auf deine rechte Wange, dem biete die andere auch dar. Und so jemand mit dir rechten will und deinen Rock nehmen, dem laß auch den Mantel. Und so dich jemand nötigt eine Meile, so gehe mit ihm zwei. Gib dem, der dich bittet, und wende dich nicht von dem, der dir abborgen will. Ihr habt gehört, daß gesagt ist: «Du sollst deinen Nächsten lieben und deinen Feind hassen.» Ich aber sage euch: Liebet eure Feinde; segnet, die euch fluchen; tut wohl denen, die euch hassen; bittet für die, so euch beleidigen und verfolgen.*

Seit zweitausend Jahren beschäftigen diese Worte das menschliche Bewußtsein. Jede Generation wurde aufgerufen, auf Herrschaft und Kontrolle über die Welt zu verzichten. Und in jeder Generation gab es Menschen, die sich zu Christi Auffassung bekannten.

In unserer Zeit war es ein Sohn eines hinduistischen Elternpaars, ein in England ausgebildeter Anwalt, der sich diesem Weltbild verschrieb: Mahatma Gandhi. Er hielt sich für einen einfachen Mann aus dem Volk. Doch von diesem einfachen Mann hat Albert Einstein einmal gesagt: «Kommende Generationen werden kaum glauben können, daß solch ein Mensch aus Fleisch und Blut auf Erden wandelte.»

Gandhi war ein Freiheitskämpfer. Er widmete sein Leben der Befreiung des indischen Volkes vom Joch des englischen Kolonialismus. Einzigartig aber ist er durch die revolutionäre Philosophie, die er entwickelt und nach der er gehandelt hat. Dieser schmächtige Asket mit der leisen Stimme nahm es mit einem Weltreich auf, indem er das Evangelium des Gewaltverzichts predigte. Er forderte seine Landsleute auf, jede Zusammenarbeit mit den Kräften der Macht zu verweigern, und sie folgten ihm.

Gandhis Appell entfachte die Leidenschaft eines ganzen Volkes, aber es war eine Leidenschaft anderer Art als die, die in anderen Ländern entfesselt wurde, wo die Völker zu den Waffen griffen, um sich von der Kolonialherrschaft zu befreien. In Indien bewaffnete sich das Volk mit der zweifachen Strategie der Philosophie des Gewaltverzichts und der Verweigerung. Es lehnte ganz einfach ab, mit seinen Unterdrückern zu kämpfen oder zusammenzuarbeiten. «Die Kraft, die durch den Gewaltverzicht geschaffen wird», sagte Gandhi, «ist größer als die Kraft aller Waffen, die sich die Erfindungsgabe des Menschen hat einfallen lassen.» Und so gingen die Menschen durch die Städte, bestürmten die Regierung mit Bittgesuchen, setzten sich auf die Straßen, legten die Arbeit nieder und zwangen auf diese Weise schließlich das britische Empire in die Knie. Sie waren sich einig und waren siegreich. Sie gewannen ihre Kraft aus der Verletzlichkeit, ihre Würde aus der Kapitulation und ihre Gemeinsamkeit aus der Achtung für die Heiligkeit des Lebens.

Gandhi weckte das einfühlende Bewußtsein seines Volkes. Doch das war keine leichte Aufgabe. Seine Gegner warfen ihm Defätismus vor. Viele setzten Gewaltverzicht mit Passivität oder Feigheit gleich. Nichts von beidem ist es, sagte Gandhi. Auf den

Vorwurf der Passivität antwortete Gandhi seinen Kritikern, daß Gewaltverzicht nicht «feige Unterwerfung unter den Willen des Übeltäters bedeutet, sondern die Auflehnung mit der ganzen Kraft der Seele gegen den Willen des Tyrannen. Unter diesem Gesetz unseres Seins kann jeder einzelne der ganzen Machtfülle eines ungerechten Weltreichs trotzen ... und die Voraussetzungen für den Sturz dieses Reiches schaffen.» Zur Frage der Feigheit meinte Gandhi, daß im Grunde seines Herzens der Bewaffnete der Feigling sei. «Waffenbesitz bedeutet ein Element der Furcht, wenn nicht der Feigheit. Wahrer Gewaltverzicht ist indessen nicht möglich ohne unerschütterliche Furchtlosigkeit.»

Gandhis dauerhafter Triumph liegt nicht in dem besonderen Ziel, das er erreicht hat. In der langen Geschichte der Menschheit reicht die Befreiung eines Landes von der Fremdherrschaft an sich noch nicht aus, um einem Menschen die Verehrung künftiger Generationen zu sichern. Gandhis Triumph liegt vielmehr in den Mitteln, die er wählte, um das Los seiner Landsleute zu bessern. Er rief sie auf, ihre Sicherheit auf einem anderen Weg zu suchen. Sie sollten nicht nur auf die Macht verzichten, die sie übereinander hatten, sondern sich auch füreinander verantwortlich fühlen. Und sie folgten ihm, zu Millionen folgten sie ihm. Gandhi setzte das einfühlende Bewußtsein der Menschheit frei, das lange eingeschlossen war.

In dieser Befreiung des menschlichen Bewußtseins kommt Gandhis Größe weit mehr zum Ausdruck als in der Befreiung des Landes. Ihre Wirkung gewinnen die Ereignisse in Indien aus der Vorstellung, daß sich dort viele Millionen Inder zu einer neuen Grundhaltung der Welt gegenüber bekannten.

Gandhi sagte: «Ich habe nicht den mindesten Zweifel, daß jeder Mann und jede Frau genau das gleiche wie ich erreichen kann, wenn er oder sie die gleichen Anstrengungen unternimmt sowie die gleiche Hoffnung und den gleichen Glauben hat.» Gandhi war ein auf den ersten Blick unscheinbarer Mann, der sicherlich einer unter vielen geblieben wäre, hätte er nicht die unbeirrbare Überzeugung gehabt, daß die konventionelle Denkweise durch ein neues Weltbild ersetzt werden müsse. Außergewöhnlich ist sein Wirken, weil es ihm gelang, beim Durchschnittsmenschen eine ähnliche Überzeugung zu wecken. Dazu meinte Gandhi einmal:

«Die Religion der Gewaltfreiheit ist nicht nur für … Heilige bestimmt. Sie ist ebenso für das gewöhnliche Volk geeignet.» Gandhi glaubte fest an die Fähigkeit des menschlichen Willens, frei zu wählen. Mit seinem eigenen Leben hat er bewiesen, daß jeder Mensch das aus sich zu machen vermag, was er wirklich will. Letztlich sind wir nicht die Gefangenen des Schicksals oder unseres Bewußtseins. Die große Stärke der Menschheit ist ihre besondere Fähigkeit, die Zukunft nach ihrem Willen zu gestalten. Zum Sinn menschlichen Daseins meinte Gandhi:

> *Der Mensch wird häufig, was er glaubt zu sein. Wenn ich mir ständig selbst einrede, daß ich bestimmte Dinge nicht tun kann, kann ich sie am Ende möglicherweise wirklich nicht tun. Wenn ich dagegen davon überzeugt bin, daß ich sie tun kann, werde ich gewiß die Fähigkeit dazu erwerben, auch wenn ich sie anfangs nicht besessen haben sollte.*

Neben Gandhi gab es noch andere Menschen seines Schlages in unserem Jahrhundert, beispielsweise Martin Luther King und Mutter Theresa. An ihre Namen erinnern wir uns, dürfen aber nicht vergessen, daß sie nicht allein standen. Millionen haben sich, teils vorübergehend, teils ihr Leben lang, der Aufgabe verschrieben, das einfühlende Bewußtsein bei ihren Mitmenschen zu wecken. Und unser Jahrhundert steht darin nicht allein. Die ganze Dauer der menschlichen Geschichte hindurch traten immer wieder Männer und Frauen auf, die versuchten, ihrem eigenen Handeln und dem der Menschheit eine qualitativ andere Richtung zu geben. Männer und Frauen, die sich weigerten zu glauben, daß sich unsere Gattung nur über ein Bewußtsein definieren kann, dem es um Herrschaft geht.

Manch einer wird sich fragen, warum unsere Generation für den Ruf nach der kollektiven Wiederentdeckung des menschlichen Bewußtseins empfänglicher sein soll als die Generationen vor uns. Welchen Grund hätten wir, diesem Ruf bereitwilliger zu folgen, als andere es taten?

Vielleicht gibt es eine Bedrohung, die unseren geschichtlichen Standort grundsätzlich unterscheidet von dem unserer Eltern und aller vorhergehender Generationen: die Gefahr der völligen Vernichtung. Dieser tödlichen Gefahr hat sich die Menschheit nie zuvor gegenübergesehen. In der Vergangenheit hielt man lieber an der Fiktion fest, daß Wissen Macht und Macht Sicherheit bedeutet, weil man immer noch die Erwartung hegte, mit Hilfe des traditionellen Bewußtseins könne man sich irgendeinen Vorteil verschaffen. Je näher wir dem dritten Jahrtausend n. Chr. rücken, desto rascher verblaßt diese Fiktion und desto deutlicher zeichnet sich das Schreckgespenst einer völlig demokratisierten nuklearen Kriegstechnologie ab.

Die universelle Verfügbarkeit der Bombe hat die entscheidende Voraussetzung des auf Herrschaft hin orientierten Bewußtseins von Grund auf zerstört: die Annahme, man könne sich durch den Versuch, alle Dinge der eigenen Macht zu unterwerfen, irgendeinen Vorteil verschaffen. Im nuklearen Zeitalter bedeutet Macht im Gegenteil einen Nachteil für alle, die sie besitzen, und für alle, die ihr unterworfen werden sollen. Aus diesem Grund sind wir wahrscheinlich die erste Menschheitsgeneration in der Geschichte, die sich ernsthaft mit dem Gedanken auseinandersetzt, daß mehr Macht möglicherweise weniger Sicherheit bedeutet. Uns erscheint das alte Bewußtsein eher als grausamer Scherz, den wir mit uns selbst getrieben haben, denn als vernünftiger Weg, uns Sicherheit zu verschaffen.

Die Kernwaffengegner bedienen sich oft einer einfachen, aber anschaulichen Analogie, um das Scheitern des traditionellen Sicherheitsbestrebens deutlich zu machen. Sie fordern uns auf, uns zwei Menschen in einem geschlossenen Raum vorzustellen, die bis zum Hals in Benzin stehen. Einer hat sechs Streichhölzer, der andere nur drei. Kann sich der mit sechs Streichhölzern dank der Überzahl sicherer fühlen, wenn er drei weitere bekommt? Leider sind viele Politiker der festen Überzeugung, der einzige Weg zur Sicherheit sei die Beschaffung von mehr Streichhölzern. Unsere politischen und militärischen Führer sind der Doktrin vom «Gleichgewicht des Schreckens» noch immer fest verhaftet. Dahinter verbirgt sich die Idee, daß beide Supermächte versuchen, das genau ausbalancierte Pendel der nuklearen Stärke auf ihre Seite zu ziehen. Solange es jeder Macht gelingt, eine jede neue Waffengeneration der anderen Seite mit einer eigenen Waffenentwicklung zu kontern, bleibt das Pendel im Gleichgewicht. Keine

«Werden die Menschen denn nie lernen...

...die rechte Mittelstraße einzuhalten und mehr der Stimme der Vernunft als dem Taumel der Leidenschaften zu folgen?»

Friedrich der Große appelliert da an die Vernunft. Er hat nicht nur viel Vernünftiges gesagt, er hat es auch getan: zum Beispiel den Pfandbrief ins Leben gerufen.

Seite wird sich einen Vorteil gegenüber der anderen verschaffen und folglich auch jeden Versuch einer nuklearen Erpressung oder Aggression unterlassen. Beide Seiten sind der Überzeugung, daß sich mit dem Gleichgewicht des Schreckens auch weiterhin ein vernünftiges Maß an Vorhersagbarkeit und Sicherheit bewahren läßt, unabhängig von der Zahl und Dimension der Waffen, die hergestellt werden.

Das ausbalancierte Pendel gehört so sehr zum Weltbild der Militärstrategen, daß sich die meisten keine andere Form der Auseinandersetzung mit dem nuklearen Problem vorstellen können. So kommt den Kriegsplanern beispielsweise nicht in den Sinn, daß das Pendel eine schlechte Metapher und das Bild einer Rettungsleine sehr viel treffender sein könnte. Wenn man sich beide Supermächte an derselben Rettungsleine über tobenden Wassern vorstellt, dann würde mit jeder neuen Waffe, gleichgültig, welche Seite sie herstellt, die Belastung der Leine größer und damit auch die Gefahr, daß die Leine risse und beide Mächte gemeinsam in ihr Verderben stürzten.

Tatsache ist, daß wir einen grundlegenden Fehler begangen haben. Unsere Eltern haben einen Fehler begangen und ebenso deren Eltern. Es begann vor langer Zeit, als Gott zu den ersten Menschen sprach: «Herrschet über die Fische im Meer und über die Vögel unter dem Himmel und über alles Getier, das auf Erden kriechet.» Wir dachten, wir sollten uns die Erde unterwerfen. Deshalb haben wir unsere Zeit damit verbracht, gegen die Elemente Krieg zu führen. Wir haben einen verbissenen Kampf mit jedem Lebewesen geführt, um es zu unterwerfen und zu beherrschen.

Und wir waren sehr erfolgreich. Die Welt ist unterworfen, wir sind die Herrscher über alle Dinge. Die Statistik verrät die düstere Geschichte unserer Herrschaft. Es ist eine Geschichte von Völkermorden: die Geschichte unserer Rache am Rest der lebendigen Natur, weil wir aus dem Garten Eden vertrieben worden sind.

Wir haben uns zu einer Spezies von perfekten Henkern entwikkelt und können uns heute rühmen, alle sechzig Minuten eines von Gottes Geschöpfen auszurotten. Vom heutigen Tag bis zum Jahr 2000 werden wir fast zwanzig Prozent der gegenwärtigen Arten vernichtet haben.

Wir haben unseren Auftrag falsch verstanden. Wir glaubten, wir sollten unterwerfen, eine Gewaltherrschaft errichten. Jetzt ist es an der Zeit, Gottes erste Anweisung an unsere Art neu zu überdenken. Als Gott von Herrschaft sprach, rief er uns auf, zu verwalten und zu hegen. Der Heger soll erhalten, wiederherstellen und heilen. Heger streben nicht nach Macht über ihre Umgebung. Sie nehmen Anteil und pflegen. Sicherheit gewinnen sie nicht aus dem Gefühl, alles im Griff zu haben, sondern aus der Fürsorge, die sie anderen Lebewesen entgegenbringen.

Wie wächst man in die Rolle des Hegers hinein? Erste Voraussetzung ist, daß man die Heiligkeit des Lebens auf jeder Stufe des Daseins wiederherstellt. Für die Generation unserer Eltern war das Leben profan, ein Gegenstand der Manipulation, ein Produktionsfaktor. Infolgedessen wurde das Leben zur bloßen Statistik reduziert, zum Ziel auf den Computerschirmen in den Kriegsplanungszentren unserer Welt.

Hoffentlich wird sich unsere Generation voller Zorn gegen alle weiteren Versuche wenden, das Leben auf manipulierbare Größen zu reduzieren. Das Leben läßt sich nicht auf Gleichungen, Wahrscheinlichkeitsverhältnisse und Zahlen zurückführen. Das Leben gewinnt seinen Wert nicht daraus, daß es produktiv oder profitabel oder effizient ist. Es ist ein Wert an und für sich. Das Leben ist kein Mittel, um irgendeinem fernen, nützlichen Zweck zu dienen – es ist ein Selbstzweck. Es ist kein Instrument, es ist ein Geschenk. Das Leben läßt sich nicht daran messen, was es verrichtet, was es leistet oder wie es sich ausbeuten läßt. Vielmehr ist alles, was wir tun, daran zu messen, inwieweit es der Heiligkeit des Lebens Rechnung trägt.

Was für ein glorreicher Tag wäre es, wenn unsere Generation ihre Absicht erklären würde, den Weg zurück zum Garten Eden mit einem neuen Auftrag versehen anzutreten. Würden sich nicht die Tore des Paradieses auftun vor diesen neuen Besuchern, die das Geschenk des Lebens in Händen hielten, diesen fühlenden Seelen, die ihr Leben der Aufgabe verschrieben hätten, die Schöpfung wieder an den ihr gebührenden Platz im Universum zu stellen?

Und wenn unsere Generation durch diese Tore tritt und wie einst Adam und Eva der Schönheit des Gartens ansichtig wird, so wird uns dieser Anblick läutern und verjüngen. Die lange beschwerliche Reise, auf der die Menschheit ihre Unsterblichkeit zu sichern hoffte, wird enden, wo sie begonnen hat. Unserer Generation wird sich endlich das kostbare Geheimnis der Unsterblichkeit offenbaren.

Seit undenklichen Zeiten haben wir geglaubt, wir könnten die Unsterblichkeit erreichen, indem wir uns immer größere Denkmäler setzten. Wir haben die Erde heimgesucht, ihre Schätze verschlungen, uns mit bleibenden Zeugnissen unserer Kunstfertigkeit umgeben, überzeugt davon, daß wir durch Beherrschung der Umwelt eine gewisse Art von Unsterblichkeit erringen könnten, Zeit und Raum überwinden, Tod und Vergänglichkeit besiegen könnten, indem wir immer mehr Macht und Herrschaft über die Naturkräfte und unseresgleichen gewannen.

In unserem verzweifelten Streben nach Unsterblichkeit sahen wir im Leben ein Hindernis, das es zu überwinden galt. Wir haben jedes Mittel benutzt, das zu unserer Verfügung stand, um uns gegen das Gespenst unserer Vergänglichkeit zu wehren. Doch wie an der Geschichte unschwer zu erkennen ist, hat die Lebenskraft, je eifriger wir sie zu unterwerfen suchten, nur immer größeren Schaden genommen.

Unsere Generation braucht nur eine neue Einstellung zum Sinn des Lebens zu gewinnen, um sich die Unsterblichkeit zu sichern, der so viele Generationen vor uns vergeblich nachjagten.

Das Leben ist kein Hindernis, das es zu überwinden gilt. Es ist ein Geschenk, an dem wir uns erfreuen sollten. Wenn wir das Leben als Geschenk empfinden, dann bezeugen wir Dankbarkeit. Dankbarkeit heißt in diesem Zusammenhang, daß wir unser Glück teilen, das Geschenk des Lebens an die künftigen Generationen weiterreichen möchten. Unsterblichkeit erringen wir, indem wir ein tragendes Glied in der Kette des Lebens werden. Indem wir für die Erneuerung der reichen Vorratslager und tiefen Brunnen sorgen, aus denen sich das Leben speist. Indem wir die Erde hegen und pflegen, damit sie die Früchte des Lebens tragen kann, von denen wir leben. Dann wird unsere Lebenskraft nicht sterben, sondern sich in jedem Lebewesen verkörpern, das auch dank unserer fürsorglichen Pflege geboren wird. Indem wir Sorge tragen für die Schöpfung, reichen wir die Gabe des Lebens weiter, und dadurch lebt auch unser Geist fort – als Teil jenes ewigen

Kontinuums, das die zahllosen Leben zu einem einzigen, unteilbaren Ganzen verknüpft. Es kann kein größeres Gefühl der Sicherheit geben als das, mit der gesamten Lebenskraft der Schöpfung eng verbunden zu sein.

Unsere Generation muß sich entscheiden: Entweder schlägt sie auf ihrer Suche nach Sicherheit den gleichen Weg ein, den bisher jede Generation im Laufe der Geschichte gewählt hat, um am Ende enttäuscht und erschöpft die Vergeblichkeit ihres Bemühens zu erkennen, oder sie kehrt zurück zu ihrem Ursprung und tritt wieder durch die Tore des Paradieses, entschlossen, von vorne zu beginnen, diesmal als Verwalter und Heger der Schöpfung.

Warum, so können wir fragen, ist unserer Generation diese Entscheidung zugefallen? Durch welche Laune des Schicksals ist uns die Wahl über Tod und Leben des Planeten übertragen? Wenn wir einen Augenblick innehalten und uns die Menschheitsgeschichte vergegenwärtigen, die Millionen und aber Millionen Jahre, die zahllosen Generationen, die kamen und gingen und ihren winzigen Beitrag zur kollektiven Erfahrung der menschlichen Art leisteten – dann will uns der Gedanke, daß unsere Generation zu entscheiden hat, ob es eine Zukunft geben soll oder nicht, einfach unfaßbar erscheinen.

Viele von uns werden zweifellos das historische Geschick beklagen, das ausgerechnet uns die Verantwortung für die Rettung der Erde aufbürdete. Ihnen wird das Gewicht, das die Geschichte unserer Generation auf die Schultern geladen hat, zu schwer erscheinen. Sie werden mit Bitterkeit all derer gedenken, die vor uns kamen und uns ein Erbe von so ungeheuerlichen Ausmaßen hinterließen. Doch wie die Generation unserer Eltern und die Generation von deren Eltern werden sie hoffen, noch ein bißchen Zeit gewinnen zu können, genügend Zeit, um das Erbe ihren Kindern zu vermachen, damit diese dann eine Lösung finden.

Einige von uns werden ihr Leben in ständiger Furcht verbringen, nicht gewillt, sich vorzuwagen und etwas gegen die Kräfte zu unternehmen, die ihr Leben bedrohen. Sie werden im Gefängnis ihrer Halsstarrigkeit leben, verurteilt zu lebenslanger Verzweiflung und Resignation. Jedesmal wenn sie die Sirenen aufheulen hören, wenn sie am Himmel ein ungewöhnliches Objekt entdecken oder eine Sondersendung das Fernsehprogramm unterbricht, wird ihr Herz einen Sprung machen, weil sie sich einen schrecklichen Augenblick lang fragen, ob dies nun das Ende ist, immer werden sie auf den Augenblick warten, da die Zeit endgültig zum Stillstand kommt. Für diese Menschen gibt es die Zukunft nicht mehr, da sie sich seelisch bereits auf das Ende der Menschheit eingerichtet haben.

Das Leben, so wie wir es kennen, gibt es in dem Moment nicht mehr, wo der menschliche Geist aufhört, die Zukunft zu betrachten. In diesem Sinne sind einige von uns bereits gestorben. Zwar vegetieren sie noch dahin, verrichten gleichgültig die Tätigkeiten ihres täglichen Daseins, doch ihr Geist ist schon ausgelöscht. Unsere Generation hat der Bombe schon Tribut zollen müssen. Sie hat gezahlt mit ihrem Mut, ihrer Phantasie, ihrer Bereitschaft, die Zukunft ins Auge zu fassen.

Der Appell ist an die anderen unter uns zu richten, an die, die der seelischen Erstarrung noch nicht anheimgefallen sind, die wie eine Epidemie um sich greift. Wir müssen uns als diejenigen begreifen, denen es obliegt, die Zukunft der Menschheit zu sichern, die die Interessen aller Lebewesen auf diesem Planeten vertreten dürfen und müssen. Wir müssen die Willenskraft aufbringen, die erforderlich ist, um das Weltbild abzuschaffen, das zur Bombe geführt hat. Wir dürfen uns nicht in Selbstmitleid oder in nutzlosen Schuldzuweisungen verlieren, die uns nur unsere Kraft rauben und uns zur leichten Beute jenes seelischen Erstarrungsprozesses machen, der schon so viele Menschen lähmt.

Unserer Generation fällt eine ganz besondere Rolle zu: Sie trägt die Hoffnungen aller Menschheitsgenerationen. Diese Hoffnung verbindet alle, die je gelebt haben, mit allen, die noch leben sollen. Rat und Hilfe können wir nur bei uns selbst finden. Wir müssen die Illusionen entlarven, die das nukleare Syndrom und das genetische Zeitalter verschuldet haben, und sie durch einen neuen Zukunftsentwurf ersetzen.

Da gibt es immer noch jene, die sich in der Illusion wiegen, das Undenkbare könne nicht geschehen. Wir können sie von ihrer Selbsttäuschung befreien. Da gibt es jene, die sich zurücklehnen und hoffen, das Undenkbare werde nie geschehen. Wir können sie aus ihrer Selbstzufriedenheit reißen. Da sind jene, die überzeugt sind, das Undenkbare sei unvermeidlich. Wir können ihnen eine neue Hoffnung und ein neues Ziel bieten.

Die unbeirrbare Entschlossenheit, den höllischen Feuersturm zu bekämpfen, der in uns und um uns lodert, wird für eine Wiedergeburt des menschlichen Geistes sorgen, ein Wiedererwachen der Lebenskraft der Schöpfung. Wenn wir die Welt mit neuen Augen sehen, helfen wir den nachfolgenden Generationen, es ebenfalls zu tun. Wenn wir keine Angst haben, traditionelle Denkweisen in Frage zu stellen, werden wir unseren verunsicherten Zeitgenossen neue Einsichten und Aussichten vermitteln. Wenn wir uns nicht anstecken lassen von dem Gefühl der Ohnmacht und Resignation, das unsere Kultur wie eine tödliche Krankheit heimsucht, werden wir einen neuen Maßstab der Zuversicht und Entschlossenheit setzen, dem unsere Kinder nacheifern können. Wenn wir einander die Hand reichen, ein Mensch dem anderen, werden wir beweisen, daß es keines Geschlechts von Halbgöttern bedarf, um die Welt zu erneuern. Schließlich sind es Sterbliche, Menschen aus Fleisch und Blut wie wir, denen wir die Bombe und die Gentechnik verdanken. Und es werden Sterbliche wie wir sein, die diesen Geist und seine tödlichen Werkzeuge zu Grabe tragen. Dieser Wille ist bereits in unserer Generation erwacht. Wir müssen die Totengräber des nuklearen und genetischen Weltbildes werden, die Künder einer neuen Botschaft, das Trompetensignal, das die Menschheit unter dem Banner des Friedens zu sammeln vermag.

Wir müssen unser Recht auf eine Zukunft geltend machen, die nicht vom nuklearen Wahn überschattet und nicht von der Aussicht auf eine genetisch manipulierte Gesellschaft bedroht ist. Doch wir müssen auch begreifen, daß es mit Forderungen allein nicht getan ist. Sie zeigen nur, welche Wünsche uns bewegen. Wir müssen bereit sein, unseren Forderungen mit einer neuen Form des Bewußtseins Nachdruck zu verleihen, einem Bewußtsein, das die Menschheit von dem Bedürfnis nach der Atombombe und der Gentechnik befreien kann. Doch wir müssen wissen, daß sogar eine Bewußtseinsveränderung allein noch nicht ausreicht. Sie zeigt nur, daß wir bereit sind, uns der Welt in einer neuen Weise zuzuwenden.

Wenn alles gesagt und getan ist, müssen wir auch bereit sein, nach unseren Forderungen und unserem wiedergeborenen Bewußtsein zu handeln. Handeln in diesem Sinne heißt, sein Leben der Erhaltung der Menschheit und des Planeten zu widmen, den wir gemeinsam bewohnen.

Einige von uns stehen wahrscheinlich schon im Begriff, sich dieser Sache zu verschreiben, zögern aber noch, weil sie fürchten, es könnte nicht mehr genügend Zeit bleiben, um noch etwas zu bewirken. Ob noch genügend Zeit bleibt, hängt weitgehend von uns ab. Jedesmal wenn wir die Zusammenarbeit mit dem herrschenden Weltbild verweigern, gewinnen wir Zeit. Jede Bekehrung zum neuen einfühlenden Bewußtsein verschafft uns Zeit. Wir gewinnen Zeit, indem wir Frieden schließen mit der Welt.

So merkwürdig es erscheinen mag, die Menschen, die sich vom traditionellen Bewußtsein losgesagt haben und in einfühlsamer Vertrautheit mit ihrer Welt leben, fürchten die Uhr nicht mehr. Dagegen sind sich diejenigen, die noch dem alten Bewußtsein verhaftet sind, jeder Sekunde bewußt, die verstreicht. Für die erste Gruppe ist die Sicherheit stets gegenwärtig. Sie erwächst aus dem Vertrauen, aus der Offenheit und Verletzlichkeit, aus der Teilhabe an den engen Wechselbeziehungen der Natur, aus dem Gefühl der Gemeinsamkeit. Für die zweite Gruppe ist Sicherheit ein schemenhafter Begriff, etwas, was sich ihrem Zugriff stets entzieht, weil ihre Gegenwart immer beherrscht wird von Mißtrauen, Verfolgungsängsten und der Furcht, die Dinge könnten außer Kontrolle geraten.

Die Menschen, die sich für das einfühlende Bewußtsein entschieden haben, fragen sich nicht, ob noch genügend Zeit bleibt, um ein gewisses Maß an Sicherheit zu erreichen. Sie sind bereits in Sicherheit, auch in einer Welt, die bis zum Hals in Kernwaffen versinkt. Sie bleiben ruhig und zuversichtlich, obwohl die Welt immer hektischer und verzweifelter wird. Für sie hat die Welt noch alle Zeit, die sie braucht. Und ihnen müssen wir uns jetzt zuwenden.

In unserer Generation schlummert der Geist eines Gandhi, bereit, sich zu erheben, der Geist Hunderttausender Martin Luther Kings, bereit, für den Frieden zu kämpfen, der Geist einer Million Mutter Theresas, bereit, der Menschheit neue Heiligkeit zu verleihen. Dieser Geist ist tief eingebettet in die Seele jedes einzelnen von uns und in die Seele der Menschheit, zeigte sich aber nur selten in unserer langen Geschichte. Wenn wir diesen Geist für den rechten Moment aufbewahrt haben, dann ist nun seine Zeit sicherlich gekommen, dann muß er sich jetzt zeigen und uns die Kraft verleihen, die wir brauchen, um die Welt zu retten und in eine neue Morgenröte zu treten – die des achten Tages.

Leseliste

Diese Liste soll demjenigen helfen, der den Ideen von «Kritik der reinen Unvernunft» weiter nachgehen will. Die Bücher wurden unter den folgenden Überschriften zusammengefaßt: «Kritik der modernen Weltanschauung», «Alternative Philosophien und Erkenntnistheorien», «Wissenschaftskritik und einfühlende Wissenschaft», «Schöpferisches Erkennen», «Religion und Spiritualität», «Alternative Psychologien», «Ganzheitliche Gesundheit», «Erziehungsstrategien zur Entwicklung des menschlichen Potentials», «Wirtschaft, Politik, Kultur und eine neue Weltordnung», «Neue Methoden in der Landwirtschaft», «Arbeit», «Ökologie und Umweltschutz», «Menschliche Architektur».

Da nur wenige der erwähnten Bücher auf deutsch erschienen sind, wurden zur besseren Orientierung des deutschen Lesers diese Titel mit einem * gekennzeichnet.

Kritik der modernen Weltanschauung

Die hier aufgeführten Bücher liefern eine kritische Analyse der wissenschaftlichen, technischen, gesellschaftlichen, kulturellen, wirtschaftlichen und religiösen Werte, die das Fundament der modernen Weltanschauung bilden. Hier eingeschlossen sind auch Bücher, die eine detaillierte Auseinandersetzung aus psychologischer, erkenntnistheoretischer, ökologischer und anthropologischer Sicht mit dem Einfluß der modernen Weltanschauung auf die menschliche Gesellschaft beinhalten.

Adams, Henry, *The Degradation of the Democratic Dogma.* New York: Macmillan, 1919.

Barfield, Owen, *History, Guilt and Habit.* Middletown, CT: Wesleyan University Press, 1979.

Barnet, Richard and Muller, Ronald, *Global Reach: The Power of the Multinational Corporations.* New York: Simon & Schuster, 1974.

Barney, Gerald. Director, *The Global 2000 Report to the President.* New York: Penguin, 1981.

Barrett, William, *The Illusion of Technique.* Garden City, NY: Anchor Books, 1979.

Becker, Ernest, *Escape from Evil.* New York: Free Press, 1975.

Bellah, Robert, *The Broken Covenant.* New York: Seabury Press, 1975.

* Berger, P. and Luckmann, T., *Die gesellschaftliche Konstruktion der Wirklichkeit.* Frankfurt.

Berry, Wendell, *The Unsettling of America: Culture and Agriculture.* New York: Avon Books, 1977.

Brown, Lester, *The Twenty-Ninth Day.* New York: Norton, 1978.

Brown, Norman, *Life Against Death: The Psychoanalytical Meaning of History.* Middletown, CT: Wesleyan University Press, 1959.

Bury, J. B., *The Idea of Progress: An Inquiry into its Origin and Growth.* New York: Dover, 1955.

Butterfield, Herbert, *The Origins of Modern Science.* New York: Free Press, 1965.

Buttel, Frederick and Newby, Howard, eds, *The Rural Sociology of the Advanced Societies: Critical Perspectives.* Montclair, NJ: Allanheld, Osmun & Co., 1980.

* Carson, Rachel, *Der stumme Frühling.* Auswirkungen der Chemikalien in der Natur. München o. J.

Cavalieri, Liebe, *The Double-Edged Helix: Science in the Real World.* New York: Columbia University Press, 1981.

Chargaff, Erwin, *Voices in the Labyrinth: Nature, Man and Science.* New York: Seabury Press, 1977.

Cornucopia Project, *Empty Breadbasket.* Emmaus, PA: Rodale Press, 1982.

Dahlberg, Kenneth, *Beyond the Green Revolution: The Ecology and Politics of Global Agricultural Development.* New York: Plenum Press, 1979.

Dechert, Charles, ed., *The Social Impact of Cybernetics.* New York: Simon & Schuster, 1967.

Deely, John and Nogar, Raymond, *The Problem of Evolution: A Study of the Philosophical Repercussions of Evolutionary Science.* New York: Appleton-Century-Crofts, 1973.
Diamond, S., *In Search of the Primitive: A Critique of Civilization.* NJ: Rutgers University Press, 1981.
Ehrenfeld, David, *The Arrogance of Humanism.* New York: Oxford, 1978.
Ellul, Jacques, *The Technological Society.* New York: Continuum, 1980.
Ferre, Frederick, *Shaping the Future: Resources for the Post-Modern World.* New York: Harper & Row, 1976.
* Feyerabend, Paul: *Wider den Methodenzwang.* Frankfurt/M. 1985.
Fix, W. R., *The Bone Peddlers: Selling Evolution.* New York: Macmillan, 1984.
Fox, Michael, *Farm Animals: Husbandry, Behavior, and Veterinary Practice.* Baltimore: University Park Press, 1984.
* Fromm, Erich, *Anatomie der menschlichen Destruktivität.* Reinbek 1977.
Gellner, Ernest, *Legitimation of Belief.* London: Cambridge University Press, 1974.
Giarini, Orio and Louberge, Henri, *The Diminishing Returns of Technology.* Oxford: Pergamon Press, 1978.
Gray, Elizabeth, *Green Paradise Lost.* Wellesly, MA: Roundtable Press, 1982.
Guénon, René, *The Reign of Quantity and The Signs of the Times.* Baltimore: Penguin Books, 1953.
Gurvitch, Georges, *The Social Frameworks of Knowledge.* Oxford: Basil Blackwell, 1971.
* Habermas, Jürgen, *Erkenntnis und Interesse.* Frankfurt/M. 1975.
Hayes, Carlton, *Nationalism: A Religion.* New York: Macmillan, 1960.
* Heidegger, Martin, *Die Technik und die Kehre.* 6. Aufl., Pfullingen 1985.
Heilbroner, Robert, *An Inquiry into the Human Prospect.* New York: Norton, 1974.
Hillmann, James, *The Myth of Analysis: Three Essays in Archetypal Psychology.* New York: Harper & Row, 1972.
Hirsch, Fred, *Social Limits to Growth.* Cambridge, MA: Harvard University Press, 1978.
Hitching, Francis, *The Neck of the Giraffe: Where Darwin Went Wrong.* New York: Holt, Rinehart & Winston, 1982.
Hoos, Ida, *Systems Analysis in Public Policy.* Berkely: University of California Press, 1972.
* Horkheimer, Max/Adorno, Theodor, *Dialektik der Aufklärung.* 11. Aufl., Frankfurt/M. 1984.
Howard, Ted and Rifkin, Jeremy, *Who Should Play God?* New York: Dell Publishing Co., 1977.
* Illich, Ivan, *Die Nemesis der Medizin.* Reinbek 1981.
Jaki, Stanley L., *Angels, Apes and Men.* La Salle, IL: Sherwood Sugden, 1983.
Koestler, Arthur and Smythies, James, *Beyond Reductionism.* New York: Macmillan, 1970.

Kohr, Leopold, *Development without Aid: The Translucent Society*. Llandybie, Wales: Christopher Davies, 1973.
–, *The Overdeveloped Nations: The Diseconomies of Scale*. Schocken, 1977.
Kuhn, Thomas, *Die Struktur wissenschaftlicher Revolutionen*. Frankfurt/M 1973.
* Lasch, Christopher, *Das Zeitalter des Narzismus*. München 1982.
–, *Haven in a Heartless World: The Family Besieged*. New York: Basic Books, 1977.
Levinas, Emmanuel, *Totality and Infinity*. Pittsburgh: Duquesne University Press, 1969.
Lewis, C. S., *The Abolition of Man*. New York: Macmillan, 1947.
Macbeth, Norman, *Darwin Retried: An Appeal to Reason*. Boston: Gambit, 1971.
* Marcuse, Herbert, *Der eindimensionale Mensch*. Studien zur Ideologie der fortgeschrittenen Industriegesellschaften. Darmstadt 1984.
Mayraeder, Rosa, *A Survey of the Woman Problem*. CT: Hyperion, 1981.
* McLuhan, Herbert: *Die Gutenberg-Galaxis*. Das Ende des Buchzeitalters. Düsseldorf 1968.
*– *Das Medium ist Massage*. Berlin 1984.
* Meadows, Dennis u. a.: *Die Grenzen des Wachstums*. Bericht des Club of Rome zur Lage der Menschheit. Stuttgart.
Merchant, Carolyn, *The Death of Nature: Women, Ecology and the Scientific Revolution*. San Francisco: Harper & Row, 1980.
Miles, Ian and Irvine, John, eds, *The Poverty of Progress*. Oxford: Pergamon Press, 1982.
Mishran, Ezra, *The Costs of Economic Growth*. New York: Praeger, 1969.
– , *The Economic Growth Debate*. London: Allen &Unwin, 1977.
Mitcham, Carl and Mackey, Robert, eds, *Philosophy and Technology: Readings in the Philosophical Problems of Technology*. New York: Free Press, 1972.
Moorhead, Paul and Kaplan, Martin, eds, *Mathematical Challenges to the Neo-Darwinian Interpretation of Evolution*. Philadelphia: Wistar Institute Press, 1967.
Mumford, Lewis, *Technics and Civilization*. New York: Harcourt Brace Jovanovich, 1934.
–, * *Mythos der Maschine*, Frankfurt/M. 1984.
Mulkay, Michael, *Science and the Sociology of Knowledge*. London: Allen & Unwin, 1979.
Oakley, Francis, *The Medieval Experience: Foundations of Western Cultural Singularity*. New York: Scribner's, 1974.
Ravetz, Jerome, *Scientific Knowledge and Its Social Problems*. New York: Oxford University Press, 1973.
* Rifkin, Jeremy: *Entropie – ein neues Weltbild*. Berlin 1985.
– ,*The Emerging Order: God in the Age of Scarcity*. New York: Ballantine, 1983.
*–, *Genesis zwei. Biotechnik – Schöpfung nach Maß*. Reinbek 1986.

Roszak, Theodore, *Where the Wasteland Ends: Politics and Transcendence in Post-Industrial Society*. Garden City, NY: Anchor Doubleday, 1973.
Sahlins, Marshall, *The Use and Abuse of Biology: An Anthropological Critique of Sociobiology*. Ann Arbor: University of Michigan Press, 1976.
* Schrödinger, Erwin: *Was ist ein Naturgesetz*? Beiträge zum naturwissenschaftlichen Weltbild. München/Wien 1979.
Shepard, Paul *Nature and Madness*. San Francisco: Sierra Club Books, 1982.
Slater, Philip, *The Pursuit of Loneliness*. Boston: Beacon, 1976.
* Spengler, Oswald, *Der Untergang des Abendlandes*. 2 Bd., München 1972.
* Steiner, Rudolf, *Grenzen der Naturerkenntnis*. Stuttgart 1981.
Stent, Gunther, *Paradoxes of Progress*. San Francisco: W. H. Freeman, 1978.
Teich, Albert, ed., *Technology and Man's Future*. New York: St. Martin's Press, 1972.
Thompson, William, *At the Edge of History*. New York: Harper & Row, 1971.
* Turkle, Sherry, Die Wunschmaschine. Vom Entstehen der Computerkultur. Reinbek 1984.
Waddington, Conrad, *The Evolution of an Evolutionist*. Edinburgh University Press, 1975.
Weizenbaum, Joseph, *Computer Power and Human Reason: From Judgement to Calculation*. San Francisco: W. H. Freeman, 1976.
Whitehead, Alfred North, *Science and the Modern World*. New York: Macmillan, 1925.
Wilkinson, Richard, *Poverty and Progress*. New York: Praeger, 1973.
Winner, Langdon, *Autonomous Technology*. Cambridge, MA: MIT Press, 1977.

Alternative Philosophien und Erkenntnistheorien

Die Bücher in dieser Kategorie untersuchen neue Betrachtungsweisen von Bewußtsein und Erkenntnis, mit der Absicht, eine einfühlende und partizipierende Verbindung zwischen menschlichem Geist und der Natur zu entwikkeln.

Barfield, Owen, *Saving the Appearances: A Study in Idolatry*. New York: Harcourt Brace Jovanovich, 1965.
Bebek, Borna, *The Third City: Philosophy at War with Positivism*. London: Routledge & Kegan Paul, 1982.
* Berman, Morris, *Wiederverzauberung der Welt*. Am Ende des Newtonschen Zeitalters. Reinbek 1985.
* Campbell, Joseph, *Der Heros in tausend Gestalten*. Frankfurt/M. 1978.
* Cassirer, Ernst, Philosophie der symbolischen Formen. 3 Bde., Darmstadt.
Comfort, Alex, *Reality and Emphathy*. Albany: State University of New York, 1984.
Deloria, Vine, Jr., *The Metaphysics of Modern Existence*. San Francisco: Harper & Row, 1979.

Fraser, J. T., *Of Time, Passion, and Knowledge.* New York: George Braziller, 1975.
– ,*The Voices of Time.* Amherst: University of Massachusetts Press, 1981.
– , et. al., *The Study of Time,* 4 vols. Berlin/Heidelberg: Springer-Verlag, 1972–1981.
* Gadamer, Hans, *Wahrheit und Methode.* Grundzüge einer philosophischen Hermeneutik. 1975.
Gilson, Etienne, *From Aristotle to Darwin and Back Again.* University of Notre Dame Press, 1984.
Glacken, Clarence, *Traces on the Rhodian Shore.* Berkeley and Los Angeles: University of California Press, 1967.
Gurevich, A. J., *Categories of Medieval Culture.* London: Routledge & Kegan Paul, 1985.
Hallpike, C. R., *The Foundations of Primitive Thought.* Oxford: Clarendon Press, 1979.
Herbert, Nick, *Quantum Reality.* London: Rider, 1985.
Jantsch, E. and Waddington, C. eds, *Evolution and Consciousness.* Reading, MA: Addison-Wesley, 1976.
Jaynes, Julian, *The Origin of Consciousness in the Breakdown of the Bicameral Mind.* Boston: Houghton Mifflin, 1976. Deutsch 1987 bei Rowohlt.
Kaufmann, Walter, *Discovering the Mind: Goethe, Kant and Hegel.* New York: McGraw-Hill, 1980.
Kohak, Erazim, *The Embers and the Stars: A Philosophical Inquiry into the Moral Sense of Nature.* University of Chicago Press, 1984.
Kuhlewind, Georg, *Stages of Consciousness.* MA: Lindisfarne Press, 1984.
Langer, Susanne, *Feeling and Form: A Theory of Art.* New York: Charles Scribner's Sons, 1953.
– , *Mind: An Essay on Human Feeling.* 2 vols. Baltimore and London: John Hopkins Press, 1967, 1972.
Lonergan, Bernard, *Insight.* New York: Harper & Row, 1978.
MacIntyre, Alastair, *After Virtue.* University of Notre Dame Press, 1981.
Margenau, Henry and Sellon, Emily, eds, *Nature, Man, and Society: Main Currents in Modern Thought.* York Beach, ME: Nicolas-Hays, 1976.
Maturana, Humberto and Varela, Francisco, *Autopoesis and Cognition.* Dordrecht, Netherlands: Reidel, 1979.
* Neumann, Erich, *Ursprungsgeschichte des Bewußtseins.* Olten/Freiburg.
Ong, Walter, *Interfaces of the Word: Studies in the Evolution of Consciousness and Culture.* Ithaca: Cornell University Press, 1977.
Polak, Fred, *The Image of the Future.* Vol. 1. Leyden, Netherlands: A. W. Sijthoff, 1961.
Rollin, Bernard, *Animal Rights.* Buffalo, NY: Prometheus Books, 1981.
Shallis, Michael, *On Time.* Schocken, 1983.
Slater, Philip, *The Wayward Gate: Science and the Supernatural.* Boston: Beacon Press, 1977.
Spencer-Brown, George, *Laws of Form.* New York: Bantam, 1973.
Walker, Stephen, *Animal Thought.* London: Routledge & Kegan Paul, 1983.

* Weizsäcker, Carl Friedrich v., *Die Einheit der Natur.* München 1982.
West, John Anthony, *Serpent in the Sky.* New York: Harper & Row, 1979.
* Wilber, Ken, *Halbzeit der Evolution.* Eine interdisziplinäre Darstellung der Entwicklung des menschlichen Geistes. Bern/München 1984.
Yates, Frances, *Giordano Bruno and the Heremetic Tradition.* London: Routledge & Kegan Paul, 1964.
Young, Arthur, *The Bell Notes: A Journey from Physics to Metaphysics.* New York: Delacorte Press/Seymour Lawrence, 1979.
–, *The Reflexive Universe.* New York: Delacorte Press/Seymour Lawrence, 1976.

Wissenschaftskritik und einfühlende Wissenschaft

Diese Bücher bieten eine dem Baconschen Wissenschaftsbegriff entgegengesetzte Vision. Anstelle der traditionellen wissenschaftlichen Methode, die Objektivität und Distanz fordert und die Macht über die Kräfte der Natur betont, konzentrieren sich diese Autoren auf die Entwicklung eines einfühlenden methodischen Angangs, bei dem die Erkenntnis der Beziehung von Mensch und Natur im Mittelpunkt steht.

* Bateson, Gregory, *Geist und Natur.* Eine notwendige Einheit. Frankfurt/M. 1984.
Brokensha, D. W., Warren, D. M. and Werner, O., eds, *Indigenous Knowledge Systems and Development.* Lanham, MD: University Press of America, 1980.
Burr, Harold Saxton, *Blueprint for Immortality: The Electric Patterns of Life.* London: Neville Spearman, 1972.
Cobb, Johan, Jr. and Griffin, David, *Mind in Nature: Essays on the Interface of Science and Philosophy.* Washington DC: University Press of America, 1977.
Collingwood, R. G., *The Idea of Nature.* Oxford University Press, 1945.
Devall, Bill and Sessions, George, *Deep Ecology.* Salt Lake City, UT: Peregrine Smith Books, 1985.
* Goethe, J. W. v., *Die Metamorphose der Pflanzen.*
Grasse, Pierre-P., *Evolution of Living Organisms: Evidence for a New Theory of Transformation.* New York: Academic Press, 1977.
Haraway, Donna Jeanne, *Crystals, Fabrics, and Fields: Metaphors of Organism in Twentieth-Century Developmental Biology.* New Haven: Yale University Press, 1976.
* Jantsch, Erich, *Die Selbstorganisation des Universums.* Vom Urknall zum menschlichen Geist. 1982.
Jones, Roger, *Physics as Metaphor.* New York: New American Library, 1982.
* Lovelock, Jim E., *Unsere Erde wird überleben.* GAIA – eine optimistische Ökologie, München 1982.

Lovtrup, Soren, *Epigenetics: A Treastise on Theoretical Biology.* London: John Wiley, n. d.
Pedler, Kit, *The Quest for Gaia.* London: Granada, 1981.
Pitman, Michael, *Adam and Evolution.* London: Rider, 1984.
Schwenk, Theodor, *Sensitive Chaos: The Creation of Flowing Forms in Water and Air.* London: Rudolf Steiner Press, 1965.
* Sheldrake, Rupert, *Das schöpferische Universum.* Die Theorie des morphogenetischen Feldes. München 1984.
* Sperry, Roger, *Naturwissenschaft und Wertentscheidung.* München 1985.
Tomlin, E. W. F., *Psyche, Culture and the New Science.* London: Routledge & Kegan Paul, 1985.
Varela, Francisco, *Principles of Biological Autonomy.* Amsterdam: North Holland, 1979.
Weiss, Paul, *The Science of Life: The Living System – A System for Living.* New York: Futura, 1973.
* Wilber, Ken (Hg.), *Das holographische Weltbild.* Bern, München 1986.

Schöpferisches Erkennen

Diese Bücher beschäftigen sich auf völlig neuartige Weise mit den menschlichen Denkprozessen. Eine wachsende Anzahl von Wissenschaftlern hat damit begonnen, den Geist als schöpferische Kraft zu betrachten. Dieser neue Zugang zum Geist bietet einen interessanten Kontrast zu den traditionellen Untersuchungen des menschlichen Bewußtseins, die den Geist als verarbeitenden Rezeptor von äußeren Reizen und Informationen betrachtet haben. In diesen Büchern wird Bewußtsein als Schöpfer der Wirklichkeit angesehen und nicht als bloßer Spiegel einer unabhängig vor ihm existierenden Realität.

Abrams, M. H., *Natural Supernaturalism: The Tradition and Revolution in Romantic Literature.* New York: Norton, 1971.
Avens, Roberts, *Imagination is Reality.* Dallas, TX: Spring Publications, 1980.
Barfield, Owen, *Poetic Diction: A Study in Meaning.* Middletown, CT: Wesleyan University Press, 1973.
–, *The Rediscovery of Meaning, and Other Essays.* Middletown, CT: Wesleyan University Press, 1977.
* Bohm, David, *Die implizite Ordnung.* Grundlagen eines dynamischen Holismus. München 1985.
* Hayward, Jeremy, *Der Zauber der Alltagswelt.* München 1986.
Holton, Gerald, *The Scientific Imagination: Case Studies.* New York: Cambridge University Press, 1978.
Lakoff, George and Johnson, Marle, eds, *Metaphors We Live By.* University of Chicago Press, 1980.
Levere, Trevor, *Poetry Realized in Nature: Samuel Taylor Coleridge and Early Nineteenth-Century Science.* Cambridge University Press, 1981.

Polanyi, Michael, *Personal Knowledge: Towards a Post-Critical Philosophy.* University of Chicago Press, 1962.
Ricœur, Paul, *The Rule of Metaphor.* University of Toronto Press, 1977.
Rothenberg, Albert, *The Emerging Goddess: The Creative Process in Art Science, and Other Fields.* University of Chicago Press, 1979.
Sloan, Douglas, *Insight-Imagination: The Emancipation of Thought and the Modern World.* Westport, CT: Greenwood Press, 1983.
Sugarman, Shirley, ed., *Evolution of Consciousness: Studies in Polarity.* Middletown, CT: Wesleyan University Press, 1976.
Taylor, A. M., *Imagination and the Growth of Science.* New York: Schocken Books, 1970.
Warnock, Mary, *Imagination.* Berkeley and Los Angeles: University of California Press, 1976.
Wheelright, Philip, *Metaphor and Reality.* Bloomington: Indiana University Press, 1962.

Religion und Spiritualität

Diese Bücher befassen sich mit der sich ändernden Interpretation der jüdisch-christlichen Theologie, die das neue ökologische Bewußtsein miteinbeziehen. Der Ausgangspunkt der in den meisten dieser Bücher gelieferten Argumentation ist eine neue Definition der Rolle des Menschen gegenüber der Natur. Es geht nicht länger um Unterwerfung, sondern um Pflege und Bewahrung. Die Theologie des Neuen Testaments konzentriert sich auf Christus und die Kreuzigung als die archetypische einfühlende Erfahrung.

Andere Bücher befassen sich mit der Entwicklung einer neuen Spiritualität, die mit dem neuen Bewußtsein, der neuen Wissenschaft und dem neuen ökologischen Verständnis vereinbar ist.

Religion

Berry, Thomas, *Teilhard in the Ecological Age.* Chambersburg, PA: Anima Books, 1982.
Carmody, John, *Ecology and Religion: Toward a New Christan Theology of Nature.* Ramsey, NJ: Paulist Press, 1983.
Derrick, C., *The Delicate Creation: Towards a Theology of the Environment.* Old Greenwich, CT: Devin-Adair, 1972.
Michaelson, Wesly Granberg-, *A Worldly Spirituality: The Call to Redeem Life on Earth.* New York: Harper & Row, 1984.
Norman, Edward, *Christianity and the World Order.* New York: Oxford University Press, 1979.
Rifkin, Jeremy with Howard, Ted, *The Emerging Order.* New York: Ballatine Books, 1983.
Schaeffer, Francis, *Pollution and the Death of Man: The Christian View of Ecology.* Wheaton, IL: Tyndale House, 1970.

Wilkinson, Loren, *Earthkeeping: Christian Stewardship of National Resources.* Grand Rapids, MI: William B. Erdmans, 1980.

Spiritualität

* Bentov, Itzhak, *Auf der Spur des wilden Pendels.* Abenteuer im Bewußtsein. Reinbek 1986.

Berger, Peter, *The Sacred Canopy.* Garden City, NY: Doubleday, 1967.

* Boyd, Doug, *Rolling Thunder.* Erfahrungen mit einem Schamanen der neuen Indianerbewegung. München 1986

Brown, Joseph Epes, *The Spiritual Legacy of the American Indian.* New York: Crossroad, 1982.

* Bucke, Richard, *Die Erfahrung des kosmischen Bewußtseins.* Eine Studie zur Evolution des menschlichen Geistes. Freiburg i. Br. 1975.

* Eliade, Mircea, *Kosmos und Geschichte.* Frankfurt/M. 1984.

Huxley, Aldous, *The Perennial Philosophy.* New York: Harper & Row, 1970.

* Kapleau, Philip, *Die drei Pfeiler des Zen.* Lehre – Weg – Erleuchtung. München 1979.

* Leonard, Georges, *Der Rhythmus des Kosmos.* Reinbek 1986.

Merleau-Ponty, Jacques and Morando, Bruno, *The Rebirth of Cosmology.* New York: Alfred A. Knopf, 1976.

Miller, David, *The New Polytheism: Rebirth of Gods and Goddesses.* New York: Harper & Row, 1974.

Nasr, Seyyed Hossein, *Knowledge and the Sacred.* Gifford Lectures, 1981. New York: Crossroad, 1981.

Needleman, Jacob, *A Sense of the Cosmos: The Encounter of Ancient Wisdom and Modern Science.* Garden City, NY: Doubleday, 1975.

Peck, M. Scott, *The Road Less Traveled.* Oregon: Touchstone Books, 1980.

* Schumacher, E. F., *Rat für die Ratlosen.* Vom sinnerfüllten Leben. Reinbek 1979.

Sheperd, A. P., *Scientist of the Invisible: Spiritual Science, The Life and Work of Rudolf Steiner.* New York: Inner Traditions, 1984.

Smith, Huston, *Beyond the Post-Modern Mind.* New York: Crossroad, 1982.

Spangler, David, *Revelation: The Birth of a New Age,* 2nd ed. San Francisco: Rainbow Bridge, 1976.

* Suzuki, D. T., *Die große Befreiung: Einführung in den Zen-Buddhismus.* München 1979.

* Teilhard de Chardin, P., *Die Entstehung des Menschen.* München 1982.

Alternative Psychologien

Diese Bücher überschreiten die eher mechanistischen Konzepte der herkömmlichen Psychologien und sehen Psyche und Umwelt als multidimensionale Einheit. Statt, wie bisher, das Bewußtsein als ein unabhängiges, isoliertes Phänomen zu sehen, halten die neuen Theorien das Bewußtsein als aller Materie immanent und nur unterschiedlich entwickelt auf den verschiedenen Ebenen.

Viele dieser Bücher verlassen die Erklärungen der reduktionistischen Psychologie und betrachten die spirituelle Seite des Menschen nicht mehr als neurotische Verirrung.

* Assagioli, Roberto, *Handbuch der Psychosynthesis.* Angewandte Psychologie. Freiburg 1978.

* Buber, Martin, *Ich und Du.* Heidelberg 1983.

Eccles, John, *The Human Mystery.* Gifford Lectures, 1978. London: Routledge & Kegan Paul, 1984.

Frankl, Viktor, *Unheard Cry for Meaning: Psychotherapy and Humanism.* New York: Simon & Schuster, 1978.

* Hampden-Turner, Charles, *Modelle des Menschen.* Ein Handbuch des menschlichen Bewußtseins. Weinheim 1983.

Heard, Gerald, *The Five Ages of Man: The Psychology of Human History.* New York: Julian Press, 1963.

Hillmann, James, *Re-Visioning Psychology.* New-York: Harper & Row, 1975.

Hooper, Judith and Teresi, Dick, *Cartographers of Consciousness.* London: Rider, 1985.

* Jung, Carl, *Archetyp und Unterbewußtes.* Olten–Freiburg 1984.

* –, : *Erinnerungen, Träume, Gedanken.* Olten–Freiburg 1985.

Kohler, W., *Gestalt Psychology.* New York: Liverwright, 1929.

Leonard, George, *The Transformation: A Guide to the Inevitable Changes in Humankind.* New York: Delta, 1972.

* LeShan, Lawrence, *Von Newton zu PSI.* Neue Dimensionen im Umgang mit der Wirklichkeit. Reinbek 1986.

Levin, David Michael, *The Body's Recollection of Being: Phenomenological Psychology and the Deconstruction of Nihilism.* London: Routledge & Kegan Paul, 1985.

Lowenthal, David and Bowden, Martyn, eds, *Geographies of the Mind.* Oxford University Press, 1976.

* Maslow, Abraham, *Psychologie des Seins.* Ein Entwurf. Frankfurt/M.1978.

* –, *Motivation und Persönlichkeit.* Reinbek 1981.

– , *The Farther Reaches of Human Nature.* New York: Viking, 1971.

May, Rollo, *Man's Search for Himself.* New York: Delta, 1953.

– , *Love and Will.* New York: Norton, 1969.

* Miller, Jean, *Die Stärke weiblicher Schwäche.* Zu einem neuen Verständnis der Frau. Frankfurt/M. 1985.

Mitchell, Edgar and White, John, eds, *Psychic Exploration: A Challenge for Science,* Capricorn, 1974.

* Ouspensky, P.D., *Die Psychologie der möglichen Evolution des Menschen.* Berlin 1981.

–, *Tertium Organum: A Key to the Enigmas of the World.* New York: Random, 1981.

* Ornstein, Robert, *Die Psychologie des Bewußtseins.* Frankfurt/M.

* Popper, Karl/Eccles, John, *Das Ich und sein Gehirn.* München 1985.

Rank, Otto, *Beyond Psychology.*New York: Dover, 1941.

* Rogers, Carl, *Die Entwicklung der Persönlichkeit.* Psychotherapie aus der Sicht eines Therapeuten. Stuttgart 1985.
* Scheler, Max, *Erkenntnis und Arbeit.* Frankfurt/M. 1977.
Solovyev, Vladimir, *The Meaning of Love.* New York: International Universities Press, n. d.
* Steiner, Rudolf, *Der anthroposophische Weg.* Frankfurt/M. 1982.
Snyder, Gary, *The Real Work: Interviews and Talks: 1964–1979.* New York: New Directions, 1980.
* Tart, Charles, *Transpersonale Psychologie.* Olten–Freiburg 1978.
* Trungpa, C., *Spiritueller Materialismus.* Vom wahren geistigen Weg. Freiburg i. Brg. 1975.
Wilber, Ken, *The Atman Project.* Wheaton, IL: Theosophical Publishing Co., 1980.

Ganzheitliche Gesundheit

Diese Bücher konzentrieren sich mehr auf «Gesundheit» als auf Krankheit, mehr auf Vorbeugung als auf Heilung. Bei diesem neuen Ansatz richtet sich die Aufmerksamkeit nicht auf einzelne Symptome, sondern auf den physischen, psychologischen und spirituellen Zusammenhang, in dem die jeweilige Krankheit entsteht. Auch die Umweltfaktoren, die bei Diagnose und Behandlung von Krankheiten oft ignoriert werden, erhalten hier die notwendige Berücksichtigung. Heilung ist eher ein Wiederherstellen der natürlichen Prozesse als ein Eliminieren von Krankheiten.

Cohen, John, *Psychological Time in Health and Disease.* Charles C. Thomas, 1967.
Conry, Barbara, *An Existential-Phenomenological View of the Lived Body.* PhD Dissertation. Ohio State University, 1974.
* Dossey, Larry, *Die Medizin von Raum und Zeit.* Ein Gesundheitsmodell. Basel 1984.
* –, *Wahre Gesundheit.* München–Bern 1986.
Hastings, Arthur, Fadiman, James and Gordon, James, eds, *Health for the Whole Person.* Boulder, CO: Westview Press, 1980.
Mattson, Phyllis. *Holistic Health in Perspective.* Palo Alto, CA: Mayfield, 1982.
Pelletier, Kenneth, *Holistic Medicine.* New York: Dell, 1980.
Popenoe, Cris, *Wellness.* New York: Random, 1977.
Schaefer, K. E., Hensel, H., and Brady, R., eds, *Toward a Man-Centered Medicial Science.* Mt Kisco, New York: Futura Publishing Co., 1977.
Straus, Erwin, *The Primary World of Senses.* Glencoe, New York: Free Press of Glencoe, 1963.
Tournier, Paul, *The Medicine of the Whole Person.* Word Books, 1973.
–, *Creative Suffering.* New York: Harper & Row, 1983.
Zaner, R., *The Context of Self.* Athens: Ohio University Press, 1981.

Erziehungsstrategien zur Entwicklung des menschlichen Potentials

Diese Bücher stellen die Grenzen einer nur auf zweckmäßiges Funktionieren ausgerichteten Erziehung dar. Die Bestimmung des Menschen liegt nicht darin, den Interessen der Industrie und des Staates zu dienen. Eine dem Menschen angemessene Erziehung fördert die gesamte Persönlichkeit und zielt darauf, jeden Menschen zum schöpferischen Gestalter seines Lebens zu machen.

Arons, Stephen, *Compelling Belief: The Culture of American Schooling.* New York: McGraw-Hill, 1983.
* Bettelheim, Bruno, *Kinder brauchen Märchen.* München 1985.
Cobb, Edith, *The Ecology of Imagination in Childhood.* New York: Columbia University Press, 1977.
Chall, Jeanne and Mirski, Allan, eds, *Education and the Brain.* University of Chicago Press, 1978.
Gruber, H. and Vonèche, J., eds, *The Essential Piaget.* New York: Basic Books, 1977.
Harwood, A. C., *The Recovery of Man in Childhood: A Study in the Educational Work of Rudolf Steiner.* London: Hodder & Stoughton, 1958.
Holt, John, *Escape from Childhood: The Needs and Rights of Children.* New York: Ballantine, 1974.
–, *Instead of Education: Ways to Help People Do Things Better.* New York: Delta, 1976.
Kozol, J., *Death at an Early Age.* New York: Bantam, 1970.
–, *On Being a Teacher.* New York: Continuum, 1981.
Lerner, Max, *Values in Education: Notes Towards a Values Philosophy,* Phi Delta Kappa, 1976.
Pearce, Joseph, *The Crack in the Cosmic Egg.* New York: Julian Press, 1971.
Piaget, Jean, *The Child's Conception of Time.* New York: Basic Books, 1969.
Sloan, Douglas, ed., *Education and Values.* New York: Teachers College Press, 1980.

Wirtschaft, Politik, Kultur und eine neue Weltordnung

Die aufgeführten Bücher propagieren neue Organisationsformen der Gesellschaft. Die Wiederaufnahme der Idee der Gemeinschaft, das Verwobensein aller politischen, wirtschaftlichen und kulturellen Beziehungen und die Vorstellung der Einheit von Mensch und Natur sind die durchgängigen Themen.

Berdyaev, Nikolai, *Slavery and Freedom.* NY: Scribner's, 1944.
Berger, Peter, Berger, B. and Kellner, H., *The Homeless Mind: Modernization and Consciousness.* New York: Vintage, 1973.
Birch, Charles and Cobb, John, *The Liberation of Life: From the Cell to the Community.* Cambridge University Press, 1983.

* Bookchin, Murray, *Die Ökologie der Freiheit.* Wir brauchen keine Hierarchien. Weinheim 1985.
Brown, Lester, *Building a Sustainable Society.* NY: Norton, 1981.
*Callenbach, Ernest, *Ökotopia.* Notizen und Reportagen von William Westen aus dem Jahre 1999. Berlin 1978.
* Capra, Fritjof, *Wendezeit.* Bausteine für ein neues Weltbild. Bern–München 1983.
Cottle, J. T. and Klineberg, S., *The Present of Things Future.* New York: Free Press, 1974.
Daly, Herman, *Steady-State Economics: The Economics of Biophysical Equilibrium and Moral Growth.* San Francisco: W. H. Freeman, 1977.
Daly, Mary, *Beyond God the Father: Toward a Philosophy of Women's Liberation.* Boston: Beacon, 1973.
Davy, Charles, *Towards a Third Culture.* London: Faber & Faber, 1961.
Doob, Leonard, *Patterning of Time.* New Haven, CT: Yale University Press, 1971.
Doxiadis, Constantinos, *Anthropopolis: City for Human Development.* New York : Norton, 1974.
Durbin, Paul, *A Guide to the Culture of Science, Technology, and Medicine.* New York: Free Press, 1980.
Elgin, Duane, *Voluntary Simplicity: Toward a Way of Life that is Outwardly Simple, Inwardly Rich.* New York: Morrow, 1981.
Ferkiss, Victor, *The Future of Technological Civilization, NY: Braziller, 1974.*
Friedmann, John, *Retracking America: A Theory of Transactive Planning.* New York: Anchor, 1973.
George, Henry, *Poverty and Progress.* New York: Robert Schalkenbach Foundation, 1962.
Georgescu-Roegen, Nicholas, *The Entropy Law and the Economic Process.* Cambridge, MA: Harvard University Press, 1971.
–, *Energy and Economic Myths.* Elmsford, NY: Pergamon Press, 1977.
–, *The Entropy Law and the Economic Process.* Cambridge, MA: Harvard University Press, 1971.
Hall, Edward T., *The Dance of Life: The Other Dimension of Time.* New York: Anchor Press/Doubleday, 1983.
* Harman, Willis, *Gangbare Wege in die Zukunft?* Zur transindustriellen Gesellschaft. Darmstadt 1983.
Hawken, Paul, *The Next Economy.* New York: Holt, Rinehart & Winston, 1983.
Henderson, Hazel, *Creating Alternative Futures.* New York: Berkley Winhover, 1978.
–, *Politics of the Solar Age: The Alternative to Economics.* New York: Doubleday, 1981.
Katz, Michael et al., eds, *Earth's Answer: Explorations of Planetary Culture at the Lindisfarne Conferences.* New York: Harper & Row, 1977.
Keys, Donald, *Earth at Omega: Passage to Planetization.* Boston: Brandon Press, 1982.

Kohr, Leopold, *The Breakdown of Nations.* Llandybie, Wales: Christopher Davies, 1957.
Large, Martin, *Social Ecology.* Gloucester, England: M. H. Large, 1981.
Lee, Dorothy, *Freedom and Culture.* New Jersey: Prentice Hall, 1959.
Lipnack, Jessica and Stamps, Jeffrey, *Networking: The First Directory.*
Macy, Joanna, *Dharma and Development.* Hartford, CT: Kumarian Press, 1983.
McLuhan, Marshall, *Unterstanding Media: The Extensions of Man.* New York: McGraw-Hill, 1964.
Mendelovitz, Saul, ed., *On the Creation of a Just World Order: Preferred Worlds for the 1990s.* New York: Free Press, 1975.
Millmann, Marcia and Kanter Rosabeth, eds, *Another Voice: Feminist Perspectives on Social Life and Social Science.* New York: Anchor, 1975.
Mische, Gerald and Mische, Patricia, *Toward a Human World Order: Beyond the National Security Jacket.* Ramsey, NJ: Paulist Press, 1977.
Ogilvy, James, *Many Dimensional Man: Decentralizing Self, Society, and the Sacred.* New York: Harper & Row, 1979.
Ophuls, William, *Ecology and the Politics of Scarcity.* San Francisco: W. H. Freeman, 1977.
* Rifkin, Jeremy, *Entropie – ein neues Weltbild.* Berlin 1985.
Roheim, Geza, *Die Panik der Götter.* Frankfurt / M.
* Roszak, Theodore, *Mensch und Erde auf dem Weg zur Einheit.* Reinbek 1986.
Satin, Mark, *New Age Politics: Healing Self and Society.* New York: Dell, 1978.
* Schumacher, E. F., *Small is Beautiful.* Die Rückkehr zum menschlichen Maß. Reinbek 1985.
Sharp, Gene, *The Politics of Nonviolent Action.* Boston: Porter Sargent, 1973.
Sorokin, P., *Social and Cultural Dynamics,* 4 vols. New York: Bedminster Press, 1962.
Spretnak, Charlene, *The Politics of Women's Spirituality.* New York: Doubleday, 1982.
* – , *Die Grünen,* mit einem Vorwort v. F. Capra. München 1985.
Stokes, Bruce, *Helping Ourselves.* New York: Norton, 1981.
Thompson, William, *Passages About Earth.* New York: Harper & Row, 1974.
Wilken, Folkert, *The Liberation of Capital.* London: Allen & Unwin, 1982.

Neue Methoden in der Landwirtschaft

Diese Bücher betrachten die Produktion in der Landwirtschaft weniger vom Standpunkt der Effektivität als der Dauerhaftigkeit. Das Land und die Erde werden eher als Leihgabe betrachtet, die erhalten werden muß. Die landwirtschaftlichen Strategien sind darauf ausgerichtet, nicht nur Nahrung für die gegenwärtige Generation zu liefern, sondern auch noch für die zukünftigen

Generationen. Die Erde und das Keimplasma werden als heilig betrachtet, und jeder Umgang mit ihnen erfordert einen tiefen Respekt für den Lebensprozeß.

Altieri, Miguel, *Agroecology: The Scientific Basis of Alternative Agriculture.* Berkeley, CA: Division of Biological Control, University of California, 1984.

Besson, Jean-Marc and Vogtmann, Hardy, eds, *Towards a Sustainable Agriculture.* Switzerland: Verlag Wirz Aarau, 1978.

Douglas, Gordon, eds, *Agricultural Sustainability in a Changing World Order.* Boulder, CO: Westview Press, 1984.

Douglas, J. S. and Hard, R., *Forest Farming: Towards a Solution to Problems of World Hunger and Conservation.* London: Watkins, 1976.

Findhorn Community, *The Findhorn Garden.* New York: Harper & Row, 1975.

Fox, Michael, *Farm Animals: Husbandry, Behavior, and Veterinary Practice.* Baltimore: University Park Press, 1984.

Fukuoka, M., *One Straw Revolution: An Introduction to Natural Farming.* Emmaus, PA: Rodale Press, 1978.

Harwood, Richard, *Small Farm Development: Understanding and Improving Farming Systems in the Humid Tropics.* Boulder, CO: Westview Press, 1979.

* Hawken, Paul, *Der Zauber von Findhorn.* Reinbek 1985.

House, G. J., Stinner, B. R. and Lawrence, R., eds, *Agriculture Ecosystems: Unifying Concepts.* New York: John Wiley, In Press.

Jackson, Wes, *New Roots for Agriculture.* San Francisco: Friends of the Earth, 1980.

Jeavons, John, *How to Grow More Vegetables.* CA: Ten Speed Press, 1983.

Kass, D. C., *Polyculture Cropping Systems: Review and Analysis.* Ithaca, New York: Cornell International Agriculture Bulletin, No. 32, 1978.

King, F. H., *Farmers of Forty Centuries.* London: Cape, 1927.

Kolisko, E. and Kolisko, L., *Agriculture of Tomorrow.* Bournemouth, England: Kolisko Archive Publications, 1978.

Lockeretz, W., ed., *Environmentally Sound Agriculture.* New York: Praeger, 1983.

Merrill, Richard, *Radical Agriculture.* New York: Harper & Row, 1976.

* Mollison, B., *Permakultur.* Leben und Arbeiten im Einklang mit der Natur. Reinbek.

Oelhaf, R. C., *Organic Agriculture.* Montclair, NJ: Allanheld, Osmun & Co., 1978.

Regan, Tom, *The Case for Animal Rights.* London: Routledge & Kegan Paul, 1983.

Smith, J. R., *Tree Crops: A Permanent Agriculture.* New York: Devin-Adair, 1953.

Stonehouse, B., ed., *Biological Husbandry: A Scientific Approach to Organic Farming.* London: Butterworth, 1981.

Tilth, *The Future is Abundant: A Guide to Sustainable Agriculture.* Arlington, Washington: Tilth, 1982.

US Department of Agriculture, *Report and Recommendations on Organic Farming.* Washington DC: USDA, 1980.

Arbeit

Diese Bücher greifen unser gewohntes Denken über die Natur der Arbeit und der Arbeitsbeziehungen an. Hierarchische und autoritäre Arbeitsstrukturen sollen durch mehr demokratische ersetzt werden. Viele der entfremdenden Eigenschaften unserer Arbeitswelt wie die Trennung des Menschen in Geist und Körper, die Arbeitsteilung und Spezialisierung werden kritisch betrachtet und nicht als unvermeidlich angesehen. Die neuen Arbeitstheorien beruhen darauf, daß der ganze Mensch – Verstand, Körper und Geist – in den Arbeitsprozeß integriert ist.

Die übliche Marktstrategie ist ungenügend, da sie immer nur auf kurzzeitige Verkaufsziele gerichtet ist. Die neue Philosophie verlangt, daß bei marktwirtschaftlichen Entscheidungen auch die Auswirkungen auf zukünftige Generationen berücksichtigt werden.

Applegath, John, *Working Free.* New York: American Management Association, 1982.
Lievegoed, B. C. J., *The Developing Organization.* London: Tavistock, 1969.
Lindenfeld, F. and Rothschild-Whitt, Joyce, *Workplace Democracy and Social Change.* Boston: Porter Sargent Publishers, 1983.
Lippitt, Gordon, *Organization Renewal: A Holistic Approach to Organization Development.* Englewood Cliffs, NJ: Prentice-Hall, 1982.
Mares, William and Simmons, John, *Working Together: Participation from Shopfloor to Boardroom.* New York: Alfred Knopf, 1983.
Nightingale, Donald, *Workplace Democracy: An Inquiry into Employee Participation in Canadian Work Organizations.* University of Toronto Press, 1982.
Philips, Michael, *The Seven Laws of Money.* New York: Random House, 1974.
Resource Publishing Group, *Concerned Investors Guide; Non-Financial Corporate Data.* Arlington, VA: Resource Publishing Group, 1983.
Rifkin, Jeremy, *Own Your Own Job: Economic Democracy to Working Americans.* New York: Bantam Books, 1977.
Rifkin, Jeremy and Barber, Randy, *The North Will Rise Again.* Boston: Beacon Press, 1978.
–, et al., *Common Sense II: The Case Against Corporate Tyranny.* New York: Bantam, 1975.
Wilken, Folkert, *The Liberation of Work.* London: Routledge & Kegan Paul, 1969.
–, *The Liberation of Capital.* London: Allen & Unwin, 1982.
Work in America Institute, *Productivity Through Work Innovations.* Elmsford, New York: Pergamon, 1982.
Zager, R. and Rosow, M., eds, *Guide to New Work Innovations in America.* Elmsford, NY: Pergamon, 1982.

Ökologie und Umweltschutz

Diese Bücher fordern eine neue Ethik im Umgang mit unserer Umwelt. Wir müssen unseren Verbrauch nach den Grenzen der natürlichen Produktionszyklen richten.

Berg, Peter, *Reinhabiting a Separate Country: A Bioregional Anthology of Northern California.* CA: Planet Drum Foundation, 1978.

Clark, Wilson, *Energy for Survival.* New York: Doubleday/Anchor Books, 1975.

Coates, Gary, ed., *Resettling America: Energy, Ecology and Community.* Andover, MA: Brick House, 1981.

Croner, Stan, *An Introduction to the World Conservation Strategy.* San Francisco: Friends of the Earth, 1983.

Goldsmith, E., et al., *Blueprint for Survival.* Signet, 1972.

Griffin, Susan, *Woman and Nature: The Roaring Inside her.* San Francisco: Harper & Row, 1978.

Harding, Jim, et al., eds, *Tools for the Soft Path.* San Francisco: Friends of the Earth, 1982.

LaChapelle, Dolores, *Earth Wisdom.* Silverton, CO: Way of the Mountain Center, 1978.

Leopold, Aldo, *Sand County Almanac.* New York: Oxford University Press, 1968.

* Lovins, Amory, *Sanfte Energie.* Reinbek 1983.

Miller, G. Tyler, *Living in the Environment.* 3rd ed. Belmont, CA: Wadsworth, 1983.

Moll, Lane and Coe, Gigi de, eds, *Stepping Stones: Appropriate Technology and Beyond.* New York: Schocken, 1978.

Tobias, Michael, ed., *Deep Ecology.* San Diego, CA: Avant Books, 1985.

Todd, Nancy, ed., *The Book of the New Alchemists.* New York: Dutton, 1977.

Menschliche Architektur

Diese Bücher betrachten Architektur und Lebensräume von einer ganzheitlichen, die Umwelt miteinbeziehenden Perspektive. Die Vorstellung von Raum als in sich abgeschlossen, von der Außenwelt völlig abgeschnitten, wird durch die Vorstellung von Strukturen als kleineren Einheiten ersetzt, die in größere biologische und physikalische Einheiten, die unser Ökosystem ausmachen, eingebettet sind. Struktur als Raumvorstellung wird durch Struktur als Zeitvorstellung ersetzt. Die Idee von Wänden und Grenzen wird durch die Idee von Strukturen als Mittel ersetzt, die den rhythmischen Austausch von innen und außen ermöglichen.

Corbett, Michael, *A Better Place to Live: New Designs for Tomorrow's Communities*. Emmaus, PA: Rodale Press, 1982.
Farallones Institute, *The Integral Urban House*. San Francisco: Sierra Club Books, 1979.
Soleri, Paolo, *The Bridge Between Matter and Spirit is Matter Becoming Spirit: The Arcology of Paolo Soleri*. New York: Anchor, 1973.
Todd, Nancy and Todd, Jack, *Bioshelters, Ocean Arks, City Farming: Ecology as the Basis of Design*. San Francisco: Sierra Club Books, 1984.

Alan Watts
Dies ist Es
Über Zen und spirituelle Erfahrungen (7908)

Bruno Martin
Handbuch der spirituellen Wege
überarbeitete Neuausgabe (7909)

Gary Zukav
Die tanzenden Wu-Li Meister
Der östliche Pfad zum Verständnis der modernen Physik: vom Quantensprung zum Schwarzen Loch (7910)

Theodore Roszak
Das unvollendete Tier
Eine neue Stufe in der Entwicklung des Menschen (7913)

Norbert A. Eichler
Das Buch der Wirklichkeit
Das I Ging für das Wassermann-Zeitalter (7921)

Janwillem van de Wetering
Ein Blick ins Nichts
Erfahrungen in einer amerikanischen Zen-Gemeinde (7936)

Morris Berman
Wiederverzauberung der Welt
Am Ende des Newtonschen Zeitalters (7941)

Joachim-Ernst Berendt
Nada Brahma - die Welt ist Klang
(7949)

Paul Hawken
Der Zauber von Findhorn
Ein Bericht (7953)

Ökologie, Umwelt, Wohnen

M. Andritzky/K. Spitzer (Herausgeber)
Grün in der Stadt
von oben, von selbst, für alle, von allen (7464)

M. Andritzky/G. Selle (Herausgeber)
Lernbereich Wohnen
Didaktisches Sachbuch zur Wohnumwelt vom Kinderzimmer bis zur Stadt. Grundlagen – Materialien – Lernbeispiele (7247 und 7248)

B. Marquardt/H. Mikelskis/C. Westhoff
Jugendlexikon Umwelt
Umweltwissen in Stichworten (handbuch 6301)

Petra Michaeli-Achmühle
Der gesunde Garten
Der ökologische Ratgeber für den Hobbygärtner (7421)

Mietrecht für Mieter
Juristische Ratschläge zur Selbsthilfe (7688)

Bill Mollison/Dave Holmgren
Permakultur
Leben und Arbeiten im Einklang mit der Natur (7905)

Helen und Scott Nearing
Ein gutes Leben leben
Gegen den Strom (7839)

Helga und William Olkowski
Selbstversorgung in der Stadt (7892)

Heinz Rohde
Das Energiesparbuch (7857)

C 2129/2

Hoimar v. Ditfurth
Zusammenhänge
Gedanken zu einem naturwissenschaftlichen Weltbild (7053)

Klaus-Henning Georgi
Kreislauf der Gesteine
Eine Einführung in die Geologie.
Mit 265 Abbildungen (7758)

Joachim Radkau
Aufstieg und Krise der deutschen Atomwirtschaft 1945-1975
Verdrängte Alternativen in der Kerntechnik und der Ursprung der nuklearen Kontroverse (7756)

Bertrand Russell
Das ABC der Relativitätstheorie
Neu herausgegeben v. Felix Pirani (6787)

James D. Watson
Die Doppel-Helix
Einführung von Prof. Dr. Heinz Haber
(6803)

rowohlts bildmonographien

Thema Philosophie

J.M. Zemb
Aristoteles (63)

Silvia Markun
Ernst Bloch (258)

Jochen Kirchhoff
Giordano Bruno (285)

Marion Giebel
Marcus Tullius Cicero (261)

Rainer Specht
René Descartes (117)

Helmut Hirsch
Friedrich Engels (142)

Anton J. Gail
Erasmus von Rotterdam (214)

Hans-Martin Sass
Ludwig Feuerbach (269)

Wilhelm G. Jacobs
Johann Gottlieb Fichte (336)

Rainer Funk
Erich Fromm (322)

Heino Rau
Mahatma Gandhi (172)

Franz Wiedemann
Georg Wilhelm Friedrich Hegel (110)

Walter Biemel
Martin Heidegger (200)

Friedrich W. Kantzenbach
Johann Gottfried Herder (164)

H. Gumnior/R. Ringguth
Max Horkheimer (208)

Hans Saner
Karl Jaspers (169)

Uwe Schultz
Immanuel Kant (101)

Peter P. Rohde
Sören Kierkegaard (28)

Pierre Do-Dinh
Konfuzius (42)

Werner Blumenberg
Karl Marx (76)

Ivo Frenzel
Friedrich Nietzsche (115)

Albert Beguin
Blaise Pascal (26)

Gottfried Martin
Platon (150)

Georg Holmsten
Jean-Jacques Rousseau (191)

Ernst P. Sandvoss
Bertrand Russell (282)

Wilhelm Mader
Max Scheler (290)

Jochen Kirchhoff
Friedrich Wilhelm Joseph von Schelling (308)

Friedrich W. Kantzenbach
Friedrich Daniel Ernst Schleiermacher (126)

bildmono ro ro ro graphien

C 2054/5